O ESPÍRITO DA REVOLUÇÃO E DA CONSTITUIÇÃO NA FRANÇA

Saint-Just

O ESPÍRITO DA REVOLUÇÃO E DA CONSTITUIÇÃO NA FRANÇA

TRADUÇÃO:
Lídia Fachin
Maria Letícia G. Alcoforado

São Paulo
1989

da Fundação Editora da Unesp (FEU)
Praça da Sé, 108
01001-900 – São Paulo – SP
Tel.: (0xx11) 3242-7171
Fax: (0xx11) 3242-7172
www.editoraunesp.com.br
www.livrariaunesp.com.br
feu@editora.unesp.br

Dados de Catalogação na Publicação (CIP) Internacional
(Câmara Brasileira do Livro, SP, Brasil)

Saint-Just, Louis-Antoine Léon de, 1767-1794.
O espírito da revolução e da constituição na França / Saint-Just; tradução Lídia Fachin, Maria Letícia G. Alcoforado. – São Paulo: Editora Universidade Estadual Paulista, 1989.

I. França – História – Revolução – Fontes
I. Título.

ISBN 85-7139-002-9

89-1335 CDD-944.04

Índices para catálogo sistemático:
1. Fontes: Revolução Francesa: História 944.04
2. Revolução Francesa: História: Fontes 944.04

Equipe técnica: *Preparação de texto:* Maria Aparecida Marcondes *Revisão:* Kelly Cristinie Gonçalves, Oitava Rima (Atualização Ortográfica). *Capa:* Isabel Carballo. *Produção Gráfica:* Valdecir de Mello. *Editoração eletrônica:* Santana.

ÍNDICE

QUARTA PARTE
DO ESTADO POLÍTICO

QUINTA PARTE

DIREITO DAS GENTES

APRESENTAÇÃO

Revolução é sempre um tema fascinante. Comumente vem impregnado dos ideais de Liberdade e Igualdade que, através dos tempos, acalentam gerações e permanecem presentes no ideário das sociedades, tendo a possibilidade de se cristalizarem em algum momento da história. No processo de construção de uma revolução sobressaem personagens que passam a povoar o imaginário social e tendem a ser tomados como modelos, porquanto o seu agir parece converter a utopia em realidade. São os portadores do sonho: representam a universalidade daqueles ideais, tentando forjá-los no cotidiano, nem sempre harmonioso, dos confrontos revolucionários.

Quando nos voltamos para os acontecimentos de 1789, na França, somos levados a visualizar um conjunto de ideias que norteou as transformações societárias ocorridas no Ocidente, desde o final do século XVIII. Suas ressonâncias se fazem sentir até os nossos dias. A Revolução Francesa é revisitada, reavaliada pela historiografia, que busca reinterpretá-la à luz de novas abordagens teórico-metodológicas que, inevitavelmente, irão incidir sobre os protagonistas que a moldaram. Eles também são vistos sob essa nova ótica. Seus atos e ideias, revistos, acabam por redimensionar alguns deles, como por exemplo, Danton, Marat, Robespierre, Desmoulins e tirar das sombras outros, como Saint-Just.

Figura das mais apaixonantes, Louis-Antoine de Saint-Just tinha apenas 24 anos quando, em 1791, publica *O Espírito da Revolução e da Constituição na França*. Este jovem encarna o gênio dessa magnífica geração que ousou colocar por terra o Antigo Regime e reconstruir em alguns anos uma França nova.

Saint-Just nasceu em 25 de agosto de 1767 em Decize. Sua ascendência era bastante rural, pelo lado paterno descende de uma antiga família camponesa, e se liga à pequena burguesia por parte de mãe, filha de notário real em Decize. Esta origem modesta pode explicar, em parte, o seu caráter e também sua ação e, em particular, o sentimento arrebatado da injustiça social, fundamento de suas ideias políticas, personificado em seus escritos e discursos.

Sua educação reafirmaria essa sensibilidade, uma vez que desde pequeno convive sobretudo com camponeses, estabelecendo sólidas amizades. Nesse meio, Saint-Just vê, cada vez mais, a escandalosa miséria de uma grande parte da massa rural que prepara de modo lento, mas seguro, as agitações sociais de 1789. Essa vivência vai amadurecendo em seu espírito a paixão pela fraternidade social e pela aspiração da construção de um mundo novo.

Seus estudos iriam reforçar esses sentimentos. Aos dez anos de idade sua família o envia a Suissons, ao colégio Saint-Nicolas, célebre em toda a região, onde os oratorianos – ordem religiosa que, em alguns lugares, substituíra os jesuítas na hegemonia da educação formal – ministram aos seus alunos uma educação, ao mesmo tempo, rígida e flexível, porquanto admitem muito do laicismo dos iluministas, no lugar da severa escolástica jesuítica. Ainda adolescente, Saint-Just já é portador de uma cultura significativa. Escritores, filósofos, historiadores o atraem igualmente. Platão e Tácito o apaixonam; ele se delicia com Rabelais; sonha em erigir uma estátua a Montaigne. Os pensadores do seu século o marcam profundamente. Discípulo dos enciclopedistas, deles adquire a liberdade de espírito, o ceticismo inato a respeito dos poderes e das instituições, além de um profundo respeito pelo mundo do trabalho. Montesquieu o incita com seu estilo sentencioso e dogmático. Rousseau, enfim, exerce sobre a sua formação uma influência indelével.

Aluno da Universidade de Reims, realiza aí seu curso de Direito. No ambiente universitário se ligará a um grupo de fervorosos adeptos das ideias novas e com eles se entusiasma pela Revolução Americana e os ideais que ela encarna. Reims era, na época, uma próspera cidade industrial e, no seu meio operário, Saint-Just constata a mesma efervescência de concepções do seu meio rural. Vai intuindo aos poucos os vícios do Antigo Regime e a sua caminhada para a ruína. Ele pressente no exemplo americano a possibilidade de uma organização social e política onde todos os homens seriam iguais e, como cidadãos verdadeiramente livres, viveriam sem reis e sem príncipes. Da constatação das injustiças ao seu redor, as quais discute sem cessar, acaba por descortinar a viabilidade de destruí-las. Os sonhos vagos e confusos de sua adolescência se clarificam.

Acompanha com entusiasmo os esforços de Mirabeau, de Siégès, de Condorcet, pela formação de um partido dos patriotas. Lê com ardor os *Sentimentos Republicanos*, de Condorcet e a *França Livre*, de Camille Desmoulins. Assim, quando em 5 de maio de 1789 dá-se a abertura dos Estados Gerais pelo rei, em Versailles, Saint-Just, já iniciado nas questões políticas e sociais, é engolfado sem remissão na corrente que vai renovar a França e o mundo.

Em 1791, se inscreve às eleições pelo legislativo, mas delas é afastado por sua juventude. Ainda nesse ano, como oficial da Guarda Nacional, faz parte da escolta da carruagem do rei em sua volta forçada de Varrenes à Paris. No ano seguinte, será deputado à Convenção, aí suas opiniões contundentes causarão sensação. Votou pela morte do rei sem "sursis", exclamando: "não se pode reinar inocentemente. Todo rei é um rebelde e um usurpador". Escolhido para o Comitê de Salvação Pública vai desempenhar um papel importante, ao lado de Robespierre, na luta contra os girondinos. Fará oposição cerrada aos partidários de Hérbet e de Danton. Encarregado de missões militares é o responsável pela reorganização do exército no Reno, restabelecendo a disciplina. Contribuiu com sua participação decisiva na libertação de Landau e na vitória de Fleurus. Em 27 de julho de 1794 a Convenção vota a prisão de Robespierre e de Saint-Just, no dia seguinte ambos serão guilhotinados. Morre aos 26 anos de idade. Os relatos sobre sua prisão demonstram um jovem perplexo e atônito que se entrega aos seus captores sem resistência.

Personagem polêmico, uns o veem como Anjo do Terror, outros como monstro sanguinário. Para alguns, um teórico político genial codificador autêntico das ideias revolucionárias; existem aqueles que o interpretam como autor de propostas de organização sociopolítica em descompasso com sua época. Mas digam o que for a respeito, ele viveu, como vários outros, contagiado pela Revolução, pois ela trazia consigo a probabilidade de projetar o futuro, tendo como referência um passado clássico evocado como portador de estruturas sociais e políticas ideais. Sua biografia repleta de aventuras, culminando com sua morte em plena juventude, o transforma num personagem que instiga a curiosidade de todos.

O importante a ressaltar é o caráter testemunhal de sua obra. Seu agir e seu pensar devem ser contextualizados na conjuntura revolucionária. Os seus escritos são a expressão da natureza apaixonada de um publicista que acredita na liberdade, na igualdade e na realização efetiva da justiça numa época tão carente dela. "O Espírito da Revolução", escrito depois dos eventos que caracterizam a revolução aristocrática de 1787 a 1788 e os anos subsequentes até 1791, expõe a perspectiva da consecução de uma revolução universal inspirada pelos acontecimentos franceses. Escrevendo sobre a experiência recente, Saint-Just analisa as características perniciosas do Antigo Regime sobre a sociedade e examina as virtudes e as falhas da Constituição.

De 1789, quando publica sua obra *Organt*, à publicação de *O Espírito da Revolução* e dos *Fragmentos sobre as Instituições Republicanas* (1794), seu pensamento vai passando por diversas etapas que foram necessárias ao amadurecimento de suas ideias.

O *Organt* é um poema em 24 cantos. O tema central trata da guerra de Carlos Magno contra os Saxões. Nesta obra, todos os preconceitos, todos os antigos valores são inapelavelmente ridicularizados. Tem-se a impressão que os enciclopedistas se manifestam através da pena de Saint-Just. No entanto, é em *O Espírito da Revolução* que seu pensamento se manifesta em pleno vigor. A sua reflexão sobre o político e o social é aprofundada, pois suas ideias aparecem como que purificadas, seu dom de observação foi aguçado, seu estilo foi depurado. As posições e as concepções acerca da política e da sociedade, veiculadas nos seus discursos proferidos na Convenção, e mesmo os *Fragmentos,* remetem-nos, frequentemente, à sua obra principal.

Saint-Just, partidário da igualdade política, defensor da soberania como base necessária à constituição de um sistema representativo, escreveu sobre esses temas à luz dos acontecimentos revolucionários, dando vida e força à ideia democrática e republicana. *O Espírito da Revolução* não é apenas a obra de um homem de ação, mas, também, a de um pensador e de um teórico. Sua experiência revolucionária, suas considerações sobre as instituições políticas e sobre os costumes sociais levam o seu leitor a vislumbrar a exequibilidade da concretização de uma ordem social mais justa e fraterna, possibilitam, ainda, pensar a edificação da democracia num processo de transição, no momento em que uma estrutura social esgota suas potencialidades e os homens arquitetam a nova sociedade.

Evaldo Sintoni
Maria Valderez de Collete Negreiros
Professores da Faculdade de Ciências e
Letras, UNESP, Campus de Araraquara

INTRODUÇÃO

A Europa caminha a passos largos para a sua revolução, e todos os esforços do despotismo não a deterão.

O destino, que é o espírito da loucura e da sabedoria, abre espaço através dos homens e conduz tudo para seu objetivo. A revolução da França não é apenas um levante; ela tem suas causas, suas consequências e seu fim: é o que tentei desenvolver.

Não tenho nada a dizer sobre este singelo ensaio; rogo que as pessoas o julguem como se não fossem nem francesas nem europeias; mas sejais vós quem fordes, possais, ao lê-lo, amar o coração de seu autor; nada peço além disso, e só tenho o orgulho de minha liberdade.

Um inglês deu-me essa ideia; foi o Sr. de Cugnières, da sociedade filantrópica de Londres, numa carta erudita que escreveu ao Sr. Thuillier, secretário da municipalidade de Blérancourt, quando esta queimou a declaração do clero.

Tantos homens falaram dessa revolução e a maioria nada disse. Que eu saiba, até agora ninguém se deu ao trabalho de procurar, no fundo de seu coração, o que tinha de virtude, para saber o que merecia de liberdade. Não pretendo atacar ninguém; todo homem faz bem em pensar o que pensa; mas quem fala ou escreve, deve explicações de sua conduta à sociedade.

Houve incessantemente na França, durante essa revolução, dois partidos obstinados: o do povo, que querendo cumular de poder seus legisladores, gostava dos grilhões que ele próprio se impunha; o do príncipe, que querendo elevar-se acima de todos, preocupava-se menos com sua própria glória do que com seu destino. No meio desses interesses, procurei a mim mesmo; membro do soberano, quis saber se era livre e se a legislação merecia minha obediência; com esse objetivo, procurei o princípio e a harmonia de nossas leis, e não direi como Montesquieu, que "encontrei incessantemente novas razões de obedecer", mas que encontrei aquelas que me levaram a crer que só obedeceria à minha virtude.

Quem quer que sejais, ó legisladores, se eu tivesse descoberto que se pensava subjugar-me, teria abandonado esta pátria desgraçada e vos teria coberto de maldição.

Não espereis de mim nem lisonja, nem sátira; disse o que pensei de boa fé. Sou muito jovem, posso ter pecado contra a política dos tiranos, estigmatizado leis famosas e costumes herdados; mas, porque era jovem, pareceu-me estar mais perto da natureza.

Como não tive o objetivo de fazer uma história, não entrei em certas particularidades dos povos vizinhos. Só falei do direito público da Europa, quando esse direito público interessava ao da França. Observarei aqui, entretanto, que os povos encararam a revolução dos franceses apenas nas suas relações com os encargos e o comércio deles, e que não calcularam as novas forças que ela poderia tirar de sua virtude.

PRIMEIRA PARTE

CAPÍTULO I

DOS PRESSENTIMETOS DA REVOLUÇÃO

As revoluções são menos um acidente das armas que um acidente das leis. Há muitos séculos a monarquia nadava no sangue e não se dissolvia. Mas há uma época na ordem política em que tudo se decompõe por um germe secreto de consunção, tudo se deprava e degenera; as leis perdem sua substância natural e se enfraquecem; então, se algum povo bárbaro se apresenta, tudo cede a seu furor e o Estado é regenerado pela conquista. Se não é atacado pelos estrangeiros, sua corrupção o devora e o reproduz. Se o povo abusou de sua liberdade, torna-se escravo; se o príncipe abusou de seu poder, o povo é livre.

A Europa, que pela natureza de suas relações políticas ainda não tem que temer um conquistador, experimentará por muito tempo apenas revoluções civis. De alguns séculos para cá, a maioria dos impérios deste continente mudou de leis, e o resto mudará dentro em breve. Depois de Alexandre da Macedônia e do Baixo Império, como não havia mais direito das gentes, as nações só mudaram de reis.

O vigor das leis civis da França manteve a tirania desde a descoberta do Novo Mundo; essas leis triunfaram sobre os costumes e o fanatismo; mas elas precisavam de órgãos que as fizessem respeitadas; esses órgãos eram os parlamentos; esses parlamentos, por terem se levantado contra a tirania, arrastaram-na com eles.

O primeiro golpe infligido à monarquia saiu desses tribunais, já sabemos disso.

É preciso acrescentar a isso que o gênio de alguns filósofos desse século abalara o caráter público e formara pessoas de bem, ou insensatos igualmente fatais à tirania, que de tanto desprezar os grandes começavam a envergonhar-se da escravidão; que o povo arruinado pelos impostos irritava-se contra leis extravagantes, e que esse povo foi felizmente animado por fracas facções.

Um povo oprimido pelos impostos pouco teme as revoluções e os bárbaros.

A França regurgitava de descontentes prontos para o sinal; mas o egoísmo de uns, a covardia de outros, o furor do despotismo em seus últimos dias, a multidão dos pobres que devorava a corte, o crédito e o temor dos credores, o antigo amor pelos reis, o luxo e a frivolidade dos pequenos, e o cadafalso, todas essas causas reunidas detinham a insurreição.

A miséria e os rigores do ano de 1788 comoveram a sensibilidade. As calamidades e os benefícios uniram os corações; ousou-se dizer que se era infeliz, manifestou-se descontentamento.

A seiva das velhas leis perdia-se todos os dias. A desgraça de Kornman indignou Paris. O povo apaixonava-se por capricho e conformismo por tudo que lembrasse infortúnio. Os grandes, objetos de inveja, foram detestados. Os grandes indignaram-se contra os gritos do povo. O despotismo torna-se tanto mais violento quanto menos é respeitado ou quanto mais se enfraquece. O Sr. de Lamoignon, que temia os parlamentos, suprimiu-os, fez que fosse sentida a falta deles: foram restabelecidos. Depois veio o Sr. Necker, que multiplicou as administrações pata tornar plausíveis os impostos, que se fez adorado, convocou os Estados, tornou o povo altivo, os grandes invejosos, e inflamou tudo: Paris foi bloqueada; foi então que o pavor, o desespero e o entusiasmo apoderaram-se das almas; a infelicidade comum uniu a força comum; ousou-se até o fim, porque ousara-se no princípio; o esforço não foi grande, foi feliz; a primeira explosão da revolta derrubou o despotismo. Tanto é verdade que os tiranos perecem pela fragilidade das leis que eles enfraqueceram.

CAPÍTULO II

DAS INTRIGAS DA CORTE

A multidão raramente se deixa enganar. Luís, simples no meio do fausto, mais amigo da economia do que ecônomo, amigo da justiça sem poder ser justo, por mais que se tenha falado, por mais que se tenha feito, assim sempre foi visto. O povo furioso gritava em Paris: Viva Henrique IV, viva Luís XVI, pereçam Lamoignon e os ministros!

Luís reinava como homem privado; duro e frugal só consigo, brusco e fraco com os outros, pelo fato de pensar o bem, acreditava fazê-la. Agia com heroísmo nas pequenas coisas, com fraqueza nas grandes; expulsava o Sr. de Montbarey do ministério por ter dado secretamente um suntuoso jantar, via friamente toda a corte pilhar as finanças, ou melhor, não via nada, pois sua sobriedade só gerara hipócritas; cedo ou tarde, entretanto, ele ficava sabendo de tudo, mas fazia mais questão de passar por observador do que de agir como rei.

Quanto mais o povo, que sabe avaliar, via que enganavam Luís e que o enganavam também, tanto mais o amava por maldade para com a corte. A corte e o ministério que controlavam o governo, solapados por sua própria depravação, pelo abandono do soberano e pelo desprezo do Estado, por fim foram abalados e a monarquia junto com eles.

Maria Antonieta, mais traída que traidora, mais leviana que perjura, inteiramente entregue aos prazeres, parecia reinar não na França, mas no Trianon.

O Conde de Provença ("Monsieur" – o irmão do rei) tinha como única virtude um espírito bastante bom; pelo fato de não ser sagaz, não se iludiu.

A duquesa Jules de Polignac, única astuciosa, enganou a corte, o ministério, o povo, a rainha e enriqueceu; escondia o crime debaixo da frivolidade, cometeu horrores rindo, depravou os corações que queria seduzir, e afogou seu crime na infâmia.

Não falarei do caráter de tantos homens que não o possuíam. A imprudência e as loucuras do ministro de Calonne; as tortuosidades, a avareza do Sr. de Brienne; o espírito da corte era um problema; lá só se falava de costumes, de libertinagem e de probidade, de modas, de virtudes, de cavalos: deixo para outros a história das cortesãs e dos prelados, bufões da corte; a calúnia arruinava a honra, o veneno arruinava a vida das pessoas de bem; Maurepas e Vergennes morreram; este último, principalmente, amou o bem que não soube fazer; era um sátrapa virtuoso, a corte depois de sua morte exibiu não mais que uma torrente de indecências, de perfídias, de prodigalidades que completou a ruína das máximas. Mal se pode conceber a baixeza dos cortesãos; a polidez escondia os crimes mais covardes: a confiança e a amizade nasciam da vergonha de se conhecer, do impedimento de se enganar: a virtude era algo ridículo: o ouro se vendia ao opróbio; a honra era medida em seguida a peso de ouro; a ruína das fortunas era incrível. A corte e a capital mudavam de rosto todos os dias pela necessidade de fugir dos credores, ou de esconder sua vida; o traje dourado mudava de mãos; entre aqueles que o tinham usado, um estava nas galés, outro em país estrangeiro e outro fora vender ou chorar a plantação de seus pais. Foi assim que a família dos Guémené tragou a corte, comprou, vendeu os favores, dispôs dos empregos e caiu em seguida por orgulho, da mesma maneira que se elevara pela baixeza; a avidez do luxo atormentava o comércio e colocava aos pés dos ricos a multidão dos artífices. Foi o que manteve o despotismo; mas o rico não pagava, e o Estado perdia em força o que ganhava em violência.

A posteridade mal poderá imaginar quanto o povo era ávido, avarento, frívolo; quanto as necessidades que sua presunção lhe havia forjado o colocavam na dependência dos grandes; de tal maneira que, pelo fato de as dívidas ativas da multidão estarem hipotecadas pelos favores da corte, pelas falcatruas dos devedores, a fraude chegava por reprodução até o soberano, descia em seguida do soberano até as províncias e formava no estado civil uma cadeia de indignidades.

Todas as necessidades eram extremas, imperiosas; todos os meios eram cruéis.

CAPÍTULO III

DO POVO E DAS FACÇÕES DE PARIS

Eu nada disse de alguns homens nobres por nascimento, porque só tinham o objetivo de satisfazer a seus loucos gastos. A corte era uma nação leviana que não pensava, como se quis fazer crer, em estabelecer uma aristocracia, mas em subvencionar as despesas de seus desregramentos. A tirania existia, eles apenas abusaram dela. Apavoraram imprudentemente todo o povo, ao mesmo tempo, com deslocamentos de tropas do exército; a isso juntou-se a fome; ela era proveniente da escassez do ano e da exportação de trigo. O Sr. Necker inventou esse remédio para alimentar o tesouro público, que este homem de finanças considerava como a pátria. A fome revoltou o povo; o desespero instalou a desordem na corte. Temia-se Paris, que a cada dia tornava-se mais facciosa com a audácia dos escritores, com a dificuldade de recursos e porque a maior parte das fortunas estava submersa na fortuna pública.

A chamada facção de Orleans era proveniente da inveja que provocava na corte a opulência, a economia e a popularidade dessa casa. Suspeitavam-na de ser um partido, porque se afastava de Versalhes. Fizeram tudo para arruiná-la, porque não puderam cativá-la.

A Bastilha é abandonada e tomada, e o despotismo, que é apenas a ilusão dos escravos, perece com ela.

O povo não tinha costumes, mas era de caráter vivaz. O amor pela liberdade foi uma saída impetuosa e a fraqueza gerou a crueldade. Que eu saiba nunca se viu, a não ser entre escravos, o povo carregar a cabeça dos personagens mais odiosos na ponta das lanças, beber o sangue deles, arrancar-lhes o coração e comê-lo; a morte de alguns tiranos em Roma foi uma espécie de religião.

Um dia ver-se-á, e com mais justiça talvez, esse espetáculo horrendo na América; eu o vi em Paris, ouvi os gritos de alegria do povo desenfreado, que se divertia com os pedaços de carne gritando: viva a liberdade, vivam o rei e o Sr. de Orleans.

O sangue da Bastilha clamou em toda a França; a apreensão a princípio hesitante descarregou-se sobre as detenções e o ministério. Foi um instante público semelhante àquele em que Tarquínio foi expulso de Roma. Não se pensou na mais sólida das vantagens, na fuga das tropas que bloqueavam Paris; regozijou-se com a conquista de uma prisão de Estado. Aquilo que trazia a marca da escravidão pela qual se era oprimido impressionava mais a imaginação do que aquilo que ameaçava a liberdade que não se tinha; foi o triunfo da servidão. Despedaçavam-se as portas das masmorras, atormentavam-se os cativos em seus grilhões, banhavam-nos de pranto, fizeram-se esplêndidas exéquias às ossadas que se descobriram fazendo escavações na fortaleza; desfilaram troféus de grilhões, de ferrolhos e de outros arneses de escravos. Uns não viam a luz do dia há quarenta anos, seu delírio era digno de compaixão, fazia chorar, era pungente; dir-se-ia que as armas foram interpretadas como ordens régias. Percorriam-se com piedade as tristes muralhas do forte cobertas de hieróglifos cheios de queixumes. Este, por exemplo: Não voltarei então a ver minha pobre mulher, e meus filhos, 1702!

A imaginação e a piedade fizeram milagres; fazia-se uma ideia de quanto o despotismo tinha perseguido nossos pais, deploravam-se as vítimas; não se temia mais nada dos carrascos. O arrebatamento e a tola alegria tinham a princípio tornado o povo desumano; seu atentado tornou-o orgulhoso, seu orgulho o tornou cioso de sua glória; teve costumes por um momento, renegou os assassínios com os quais manchou suas mãos, e foi afortunadamente inspirado, seja pelo temor, seja pela insinuação dos bons espíritos, para escolher chefes e para obedecer.

Tudo estaria perdido se as luzes e a ambição de alguns não tivessem controlado o incêndio que não conseguia mais apagar.

Se o Sr. de Orleans tivesse tido sua facção, teria se colocado à testa dela, teria aterrorizado e controlado a corte, como o fizeram outros. Não fez nada disso, a não ser que seja como se disse, que ele contava com o assassínio da família real, como quase se cometeu quando Paris correu para Versalhes. Entretanto, por menos que se julguem as coisas de maneira sadia, as revoluções deste tempo apenas mostram por toda parte uma guerra de escravos imprudentes, que lutam com seus grilhões e caminham exaltados.

O comportamento do povo tornou-se tão impetuoso, seu desapego tão escrupuloso, seu furor tão agitado, que se percebia bem que ele se aconselhava apenas consigo mesmo. Não respeitou nada que fosse soberba; seu braço sentia a igualdade que ele não conhecia. Depois de vencida a Bastilha, quando se evidenciaram os vencedores, a maioria não ousava dizer seu nome; assim que se sentiram seguros, passaram do pavor à audácia. O povo exerceu por sua vez uma espécie de despotismo; a família do rei e a Assembleia dos Estados marcharam aprisionadas em Paris, no meio da pompa mais ingênua e mais perigosa que jamais existiu. Percebeu-se então que o povo não agia para a elevação de ninguém, mas para o aviltamento de todos. O povo é uma eterna criança; ele fez com que obedecessem a seus senhores com respeito e obedeceu-lhes depois com orgulho; foi mais submisso nesses momentos de glória do que fora servil outrora. Estava ávido de conselhos, faminto de lisonjas e era modesto; o temor fê-lo esquecer que era livre; não se ousava mais parar nem conversar nas ruas; tomava-se todo mundo por conspiradores; era o zelo da liberdade.

O princípio estava estabelecido; nada deteve seu progresso, porque o despotismo não mais existia, estava disperso, seus ministros haviam fugido e o pavor agitava suas reuniões.

O eleitorado de Paris, cheio de homens desesperados, corrompidos pela miséria e pelo luxo, sublevou muita gente. Esta facção não teve princípios determinados nem pensou em tê-los; assim ela passou com o delírio da revolução; teve virtudes, até mesmo firmeza e constância por um momento. As pessoas lembram-se com respeito do heroísmo de Thuriot de la Rosière que foi intimar o governador da Bastilha; e o senhor de Saint-René, que fez vinte mil homens fugirem da Prefeitura, mandando trazer pólvora e fogo; e Duveyrier, e Du Faulx, este sábio ancião que logo depois escreveu a história da revolução. Esses não eram facciosos. Muitos outros enriqueceram, era só isso que queriam; o reduzido número de pessoas de bem afastou-se logo, e o resto se dispersou carregado de pavor e de despojos.

CAPÍTULO IV

DO GENEBRINO

A credibilidade do Genebrino morria um pouco a cada dia, o destino tinha frustrado sua política e sua segurança; os mais sábios projetos dos homens escondem frequentemente um escolho que os derruba e, por uma reação inesperada, muda tudo, arrasta-os e os desconcerta.

Se é verdade que se reconhece a verdadeira virtude pelo cuidado que toma para se esconder, nada há de mais suspeito que o imoderado amor do Genebrino pelo monarca e pelo povo. Este homem tinha compreendido que não podia tomar um partido mais sólido: a corte desmoronava; nem partido mais natural: ele era plebeu; juntou todas as suas forças quando se tratou de Estados-gerais; pode-se dizer que ele desferiu o golpe mortal na tirania pela representação igual das três ordens. Sua alegria foi profunda quando foi mandado embora; não sei até onde chegou sua esperança; com efeito, como predissera, sua volta foi como a de Alexandre à Babilônia; o peso de sua glória esmagou seus inimigos e a ele próprio. Empenhou menos virtude do que orgulho para salvar a França. Foi logo odiado no fundo dos corações, como um criador de impostos. A Assembleia Nacional, a pretexto de homenagear suas luzes, rebaixou-o por isso mesmo, e aproveitou ela própria de sua confiança e de sua vaidade. O povo o perdeu de vista; Paris retomara alento; dois homens prodigiosos ocupavam todos os espíritos; a Assembleia Nacional caminhava a passos largos; o Genebrino, circunscrito ao ministério, foi por ele temido, e tornou-se finalmente indiferente a todos; não conseguira seu intento; foi apenas um ser de razão, envolveu-se em sua glória e tornou-se inimigo da liberdade porque ela não lhe serviu para nada; adulara o povo no tempo do despotismo; adulou a corte quando o povo ficou livre; sua política fora prudente, o que lhe permitiu ser ouvido pelo monarca que soubera orientar.

Este homem de cabeça de ouro, de pés de barro, teve um admirável talento para a dissimulação. Dominou no mais alto grau a arte da lisonja, uma vez que insinuava com graça e ternura a verdade, útil a seus projetos, e fingia por seu senhor o apego de um grande coração. Levou a ambição até o desinteresse como o lavrador se esgota no campo cuja colheita quer um dia fazer; a insurreição o derrubou, porque ela elevou todos os corações acima dele, e acima deles próprios. Creio que se ele não tivesse voltado, teria subjugado a Suíça, sua pátria.

CAPÍTULO V

DE DOIS HOMENS CÉLEBRES

Aquele que, depois de uma revolta, aborda o povo com franqueza e lhe promete a impunidade, assusta-o e o tranquiliza, lamenta suas desgraças e o adula, esse é Rei.

A obra-prima desta verdade é que dois homens tenham podido reinar juntos. O pavor de todos os elevou, sua fraqueza comum os uniu.

O primeiro, que tinha sido virtuoso no começo, aturdiu-se depois com sua sorte, e fez projetos audaciosos. Cada um apoderava--se de um destroço: todo-poderoso na Prefeitura, gozava na Assembleia Nacional de uma credibilidade tranquila e tiranizava com brandura; vendo-o afagar o povo, manipular tudo com brandura, esconder seu talento e enganar a opinião a ponto de passar por um homem fraco e pouco temível, não se reconhecia mais a grandeza que ele mostrara em Versalhes.

O segundo foi mais altivo; esta característica era mais condizente com a sua função; entretanto foi afável, falso com solicitude, cortesão ingênuo, fútil com simplicidade, e nada querendo tudo pôde.

A aliança desses dois personagens foi notável por algum tempo: um tinha o governo, o outro a força do povo. Ambos favoreciam as leis que serviam a sua ambição, dirigiam todos os movimentos em Paris, interpretavam em público o papel que combinavam em particular e tratavam a corte com um respeito cheio de violência. Acrescentai a isso uma harmonia perfeita, a popularidade, o bom comportamento, o desapego, um amor aparente pelo príncipe e as leis, a elocução branda, tudo isso, sustentado pela generosidade, colocava aos seus pés o cetro que teriam quebrado em suas mãos. Tornaram-se ídolos do povo, para quem os tesouros do Estado eram prodigalizados sob pretextos honestos. Ocupavam os braços dos infelizes e apoderavam-se com destreza das paixões públicas; a reputação desses dois homens assemelhava-se a uma febre popular; eram adorados e mantinham cativa a liberdade da qual se mostravam, em todo lugar, defensores e amigos. Depois da tomada da Bastilha, solicitaram habilmente recompensas para os seus vencedores, e por toda parte opuseram seu zelo presunçoso à tibieza prudente das comunas. Sempre incitavam o povo, sempre a assembleia o acalmava prudentemente; é que os primeiros queriam reinar através do povo e os segundos queriam que o povo reinasse através deles.

A Assembleia, que compreendia os homens, percebendo que queriam fazê-la sentir demais o preço da insurreição da capital, contemporizou enquanto viu os ânimos inquietos, mas logo subjugou as facções e serviu-se da própria força delas para abatê-las.

O sangue frio das com unas foi para esses dois homens o que o talento e a desconfiança de Tibério fora outrora para Sejano.

Poder-se-ia imaginar qual era a duração da sua ambição se a paciência não a tivesse esgotado.

Os distritos de Paris formavam uma democracia que teria mudado tudo, se em vez de serem presa dos facciosos, tivessem se deixado conduzir por seu próprio espírito. O dos *Cordeliers*, que se tornara o mais independente, foi também o mais perseguido por esses heróis do momento porque contrariava seus projetos.

CAPÍTULO VI

DA ASSEMBLEIA NACIONAL

É um fenômeno inaudito no decorrer dos acontecimentos que, na época em que tudo estava confuso, as leis civis sem força, o monarca abandonado, o ministério eclipsado, se tenha encontrado um corpo político, fraco rebento da monarquia desconcertada, que tomou as rédeas em suas mãos, tremeu a princípio, consolidou-se, consolidou tudo, absorveu os partidos, e fez tudo tremer; que foi persistente em sua política, constante no meio das mudanças; agiu com habilidade de início, com firmeza em seguida, por fim com vigor, e sempre com prudência.

É preciso ver com que penetrante sabedoria a Assembleia Nacional elevou-se, por que meios ela dominou o espírito público, como, rodeada de armadilhas, dilacerada até mesmo em seu interior, ela prosperou cada vez mais; como engenhosamente acorrentou o povo com sua liberdade, ligou-o estreitamente à Constituição, erigindo seus direitos em máximas e conquistando suas paixões; como tirou das luzes e das vaidades desse tempo o mesmo partido que tirou Licurgo dos costumes do seu; é preciso ver com que previdência lançou seus princípios, de tal maneira que o governo mudou de substância e que nada mais poderia deter sua seiva.

É inutilmente também que alguns lutam contra essa prodigiosa legislação que só peca em algumas particularidades; quando o Estado muda de princípio não há retorno; tudo o que se lhe opõe não é mais de princípio e o princípio estabelecido arrasta tudo.

A posteridade saberá melhor que nós que móveis animavam esse grande corpo. Convenhamos que a paixão sustentada por grandes caracteres e inteligências fortes deu o primeiro impulso em seu motor, que o nobre ressentimento de alguns proscritos penetrou através da ingenuidade dos direitos do homem; mas é preciso confessar também, por menos que a gratidão dê importância à verdade, que essa associação, a mais hábil que já se viu de há muito, esteve repleta de almas rígidas cujo gosto pelo bem dominava, e de espíritos finos esclarecidos pelo gosto da verdade. O segredo de sua caminhada sem dissimulação ficou impenetrável, com efeito; é por isso que o povo irrefletido cedeu a uma razão superior que o conduzia contra sua vontade; tudo era ímpeto e fraqueza nos seus propósitos, tudo era força e harmonia nas leis. Vamos ver qual foi a sequência desse feliz começo.

SEGUNDA PARTE

CAPÍTULO I

DA NATUREZA DA CONSTITUIÇÃO FRANCESA

Um Estado que inicialmente foi livre, como a Grécia antes de Felipe da Macedônia, que perde em seguida sua liberdade, como a Grécia a perdeu sob esse príncipe, fará esforços inúteis para reconquistá-la; o princípio não existe mais; foi inutilmente que lha devolveram, exatamente como a política romana devolveu-a aos gregos, como ofereceu-a à Capadócia para enfraquecer Mitridade, e como a política de Sila quis devolvê-la à própria Roma; as almas perderam seu tutano, por assim dizer, e não são mais vigorosas o bastante para alimentarem-se de liberdade; ainda amam o nome dela, desejam-na como a facilidade e a impunidade, e não conhecem mais sua virtude.

Ao contrário, um povo escravo que sai de repente da tirania não volta a ela antes de passado muito tempo; porque a liberdade encontrou almas novas, incultas, ardentes, as quais educa com máximas que elas nunca sentiram, que as arrebatam, e que, uma vez perdido seu aguilhão, deixam o coração covarde, orgulhoso, indiferente, ao passo que a escravidão o tornava apenas tímido.

A tranquilidade é a alma da tirania, a paixão é a alma da liberdade; a primeira é brasa adormecida sob as cinzas, a segunda é um fogo que se consome; uma escapa ao mínimo movimento, a outra só se enfraquece com o tempo e extingue-se para sempre; só se é virtuoso uma vez.

Quando um povo que se tornou livre estabelece leis sábias, sua revolução está feita; se essas leis são apropriadas para o território, a revolução é durável.

A França coligou a democracia, a aristocracia, a monarquia; a primeira forma o estado civil, a segunda o poder legislativo, e a terceira o poder executivo.

Onde houvesse uma perfeita democracia, o que é liberdade excessiva, não haveria monarquia; onde tivesse havido apenas uma aristocracia, não haveria leis constantes; onde o príncipe tivesse sido o que era outrora, não haveria liberdade.

Seria preciso que os poderes fossem tão modificados que nem o povo, nem o corpo legislativo, nem o monarca assumissem uma ascendência tirânica. Seria preciso um príncipe nesse vasto império; a república só convém a um território limitado. Quando Roma cresceu, teve necessidade de magistrados, cuja autoridade foi imensa.

A França aproximou-se do estado popular tanto quando pôde e só tomou da monarquia aquilo que não podia deixar de tomar; todavia, o poder executivo permaneceu supremo, a fim de não melindrar o amor pelos reis.

Quando Codro morreu, os bons espíritos que queriam fundar a liberdade declararam Júpiter rei de Atenas.

CAPÍTULO II

DOS PRINCÍPIOS DA CONSTITUIÇÃO FRANCESA

Os antigos legisladores tinham feito tudo pela república, a França fez tudo pelo homem.

A política antiga queria que a riqueza do Estado voltasse para os particulares; a política moderna quer que a felicidade dos particulares volte para o Estado. A primeira reportava tudo à conquista, porque o Estado era pequeno, rodeado de potências e porque de seu destino dependia o destino dos indivíduos; a segunda inclina-se apenas para a conservação, porque o Estado é vasto e porque do destino dos indivíduos depende o destino do império.

Quanto mais as repúblicas tiverem um território limitado, tanto mais as leis devem ser rígidas, porque os perigos são mais frequentes, os costumes mais ardentes, e porque um só pode arrastar todos consigo. Quanto mais a república for extensa, tanto mais as leis devem ser amenas, porque os perigos são raros, os costumes calmos, e porque todos se voltariam para um só.

Os reis não puderam manter-se contra a severidade das leis de Roma emergente; essa severidade, embora excessivamente embotada, restabeleceu os reis em Roma ampliada.

Os direitos do homem teriam destruído Atenas ou a Lacedemônia; lá só se conhecia a querida pátria, as pessoas por ela esqueciam-se de si mesmas. Os direitos do homem consolidam a França; aqui a pátria esquece-se de si mesma por seus filhos.

Os velhos republicanos devotavam-se aos trabalhos penosos, às carnificinas, ao exílio, à morte, pela glória da pátria; aqui a pátria renuncia à glória pelo descanso de seus filhos e só lhes pede que a conservem.

CAPÍTULO III

DAS RELAÇÕES DA NATUREZA E DOS PRINCÍPIOS DA CONSTITUIÇÃO

Se a democracia da França se parecesse com aquela que os ingleses tentaram estabelecer inutilmente, porque o povo era apenas presunçoso; se sua aristocracia fosse a da Polônia, cujo princípio é a violência; se a monarquia participasse da natureza da maioria daquelas da Europa, em que a vontade do senhor é a única lei, o choque desses poderes os teria destruído muito cedo; é o que pensaram aqueles que sustentam que esses poderes um dia vão se dilacerar. Mas rogo que se examine quanto é saudável a compleição da França; a presunção não é a alma da democracia, mas a liberdade moderada; a violência não é o motor de sua aristocracia, mas a igualdade de direitos; a vontade não é o móvel de sua monarquia, mas a justiça.

Da natureza da liberdade

A natureza da liberdade consiste em resistir à conquista e à opressão; consequentemente, ela deve ser passiva. A França percebeu bem isso; a liberdade que se conquista tende a corromper-se; com isso está tudo dito.

Da natureza da igualdade

Aquela que Licurgo instituiu, que dividiu as terras, casou as moças sem dote, ordenou que todos tomassem suas refeições em público e se vestissem com roupas iguais, uma tal igualdade coerente com a útil pobreza da república teria trazido para a França apenas a revolta ou a preguiça; só a igualdade dos direitos políticos era sábia neste Estado, onde o comércio é uma parte do direito das gentes, como direi alhures. A igualdade natural é boa onde o povo é déspota e não paga tributos. Que se acompanhem as consequências de uma tal condição com relação a uma constituição mista.

Da natureza da justiça

A justiça é exercida na França em nome do monarca, protetor das leis, não pela vontade, mas pela boca do magistrado ou do embaixador, e aquele que prevaricou não ofendeu o monarca, mas a pátria.

Do princípio da liberdade

A servidão consiste em depender de leis injustas; a liberdade, de leis sensatas; a licenciosidade, de si mesma. Eu sabia muito bem que os belgas não seriam livres, eles não fizeram leis para si.

Do princípio da igualdade

O espírito da igualdade não consiste em poder o homem dizer ao homem: sou tão poderoso quanto você. Não existe poder legítimo; nem as leis nem o próprio Deus são poderes, mas somente a teoria do bem. O espírito da igualdade consiste em que cada indivíduo seja uma porção igual da soberania, isto é, do todo.

Do princípio da justiça

Ela é o espírito de tudo o que é bom e o cúmulo da sabedoria que, sem ela, é apenas artifício e não pode prosperar por muito tempo. O fruto mais doce da liberdade é a justiça, ela é a guardiã das leis, as leis são a pátria. Ela sustenta a virtude entre o povo e faz com que a ame; ao contrário, se o governo é iníquo, o povo, que só é justo na mesma medida em que as leis o são e lhe interessam, torna-se embusteiro e não tem mais pátria.

Que eu saiba, o objetivo político de nenhuma constituição antiga ou moderna foi a justiça e a ordem interior; a primeira que teve esse objetivo foi a da França; todas as outras, propensas à guerra, à dominação e ao ouro, alimentavam o germe de sua destruição; a guerra, a dominação e o ouro corromperam-nas; o governo tornou-se sórdido, o povo, avarento e louco.

Consequências

Um povo é livre quando não pode ser oprimido nem conquistado, goza de igualdade quando é soberano, é justo quando é dirigido por leis.

CAPÍTULO IV

DA NATUREZA DA DEMOCRACIA FRANCESA

As comunas da França tinham que tomar seu caminho entre dois escolhos; ou era preciso que a diversidade das ordens colocasse o poder legislativo na representação dessas ordens; se as duas primeiras tivessem predominado, o governo teria sido despótico; se a última tivesse vencido, o governo teria sido popular; ou era preciso que todas as ordens misturadas formassem uma só ordem, ou de preferência não formassem ordem nenhuma, que o povo fosse seu próprio intermediário, então ele seria livre e soberano.

As ordens eram mais adequadas à tirania do que uma representação nacional; numa o senhor é o princípio da honra política, na outra o povo é o princípio da virtude; mas, nesse caso, o legislador precisa de todo seu talento para organizar a representação de maneira que ela derive não da constituição, mas de seu princípio, sem o que far-se-ia uma aristocracia de tiranos.

O princípio era a liberdade, a soberania; é por isso que não se colocou uma gradação imediata entre as assembleias primárias e a legislatura; e em vez de organizar a representação através dos corpos judiciários ou administrativos, organizaram-na de acordo com a extensão do Estado, o número de súditos, sua riqueza, ou de acordo com o território, a população, os tributos. Reflitamos sobre o princípio das antigas assembleias de bailiado. Como é difícil imaginar que a honra política pudesse produzir a virtude! Os Estados deviam ser a corte do Mogol e a virtude tão fria quanto seu princípio. Por isso quando se viram os representantes espezinharem a honra política, e as primeiras Sessões dos Estados mostrarem-se tão tempestuosas, a virtude estava bem perto de se tornar popular e já abalava a tirania nas suas bases, até o momento em que, ferida por suas próprias mãos, ela desmoronou.

CAPÍTULO V

DOS PRINCÍPIOS DA DEMOCRACIA FRANCESA

As democracias antigas não tinham leis positivas; foi isso que as elevou ao auge da glória que se conquista pelas armas; mas foi o que embaralhou tudo no fim; quando o povo estava reunido, o governo não tinha mais forma absoluta, tudo se movia à mercê dos oradores; a confusão era a liberdade; ora o mais hábil, ora o mais forte prevalecia. Foi assim que o povo de Roma despojou o Senado, e que os tiranos despojaram o povo de Atenas e de Siracusa.

O princípio da democracia francesa é a aceitação das leis e o direito de sufrágio; o modo de aceitação é o juramento; a perda dos direitos do cidadão, ligada à recusa de prestá-lo, não é uma pena, ela só é o espírito da recusa. Esse juramento não é mais que uma pura aceitação das leis. Não se pode exigir delas o caráter que lhes é recusado, que delas próprias se suprime. Disseram que a aceitação do rei não valia nada, e que um dia o povo pediria contas dos direitos do homem e da liberdade. Mas, que juramento então o povo prestou? Sem dúvida uma tal aceitação é mais santa, mais livre e mais segura que a aclamação das assembleias; a aceitação depende do rei, só ele é o soberano, somos ainda seus escravos.

Falarei alhures da sanção do monarca e demonstrarei que num Estado livre ele não pode exercer uma vontade absoluta e, consequentemente, nem tentar o contrário.

Se o povo recusasse o juramento, seria preciso suprimir a lei, pois do mesmo modo que a recusa do juramento da minoria provoca a suspensão da atividade, assim também a recusa da maioria do povo provoca a revogação da lei.

O sufrágio na França é secreto, seu caráter público teria corrompido a constituição; o segredo em Roma sufocou a virtude, porque a liberdade declinava; ele teve na França um bom efeito, a liberdade acabava de nascer. O povo era escravo dos ricos, tinha-se o hábito de ser adulador e vil; o grande número de credores intimidava; as assembleias eram muito pouco numerosas, os compromissos demasiado conhecidos multiplicavam-se. O caráter público do sufrágio teria feito um povo de inimigos ou de escravos.

Prometeram-se votos a muitos patifes; poucos receberam-nos; houve-os entretanto. A via do sorteio teria sufocado a emulação; ela convinha talvez aos cargos municipais, mas teria empanado a glória política que os fazia respeitados; ela não convinha às magistraturas judiciárias, porque é importante que os juízes sejam hábeis. A via do sorteio só é boa na república, onde reinaria a liberdade individual.

Como o princípio do sufrágio é a soberania, toda lei que puder alterá-lo é tirania. O direito que se arrogam as administrações de transferir as assembleias para fora de seu território é tirania. O poder que se atribuem as administrações de enviar comissários às assembleias do povo ou de participar delas é tirania; eles fazem calar a liberdade que é a vida das assembleias, lembrando aí a decência e a calma, que são a sua morte. Um comissário é um súdito nas assembleias do povo; se falar, deve ser punido; o gládio golpeava em Atenas os estrangeiros que se misturavam aos comícios: eles estavam violando o direito de soberania.

Tudo o que prejudica uma constituição livre é um crime horrível; a menor mancha toma conta do corpo todo. Não há nada mais suave para os ouvidos da liberdade que o tumulto e os gritos de uma assembleia do povo; nela despertam as grandes almas; nela se desmascaram as indignidades; nela o mérito explode com toda sua força; nela tudo o que é falso cede lugar à verdade.

O silêncio dos comícios é a languidez do espírito público; o povo é corrompido ou pouco cioso de sua glória.

Havia em Atenas um tribunal que exercia a censura às eleições; essa censura é na França exercida pelas administrações; mas não se deve confundir a liberdade com a qualidade dos eleitos; um tem a ver com a liberdade, o outro tem a ver com sua glória; um é a soberania, o outro é a lei.

Ela proscreve o estrangeiro que não pode amar uma pátria onde ele não tem vantagens; o infame que desonrou as cinzas de seu pai ao renunciar ao direito de sucedê-lo; o devedor insolvente que não tem mais pátria; o homem que não tem vinte e cinco anos, cuja alma ainda não sofreu a ablactação; aquele que não paga o tributo relativo à atividade, porque vive como cidadão do mundo.

A censura às eleições é limitada ao exame dessas qualidades; ela se exerce sobre aquele que é eleito, não sobre aquele que elege; a escolha não é violada pelo censor, ela é examinada pela lei.

CAPÍTULO VI

DA NATUREZA DA ARISTOCRACIA

Alguém disse que a divisão das classes perturbava o sentido deste artigo dos direitos do homem: não haverá outra diferença entre os homens que a das virtudes e das capacidades. Podia-se dizer também que as virtudes e as capacidades feriam a igualdade natural, mas do mesmo modo que a importância que se dá a isso é relativa à convenção social, a divisão das classes é relativa à convenção política.

A igualdade natural era ferida em Roma, onde, de acordo com Dionísio de Halicarnasso, o povo era dividido em cento e noventa e três centúrias desiguais, que só tinham direito a um sufrágio cada uma, embora fossem menos numerosas na proporção das riquezas, da abastança, da mediocridade, da indigência.

A igualdade natural é mantida na França; todos participam igualmente da soberania pela condição uniforme do tributo que rege o direito de sufrágio; a desigualdade está só no governo; todos podem eleger, nem todos podem ser eleitos; a classe inteiramente indigente é pouco numerosa; quem não paga tributos não é atingido pela esterilidade; esta classe é condenada à independência ou à emulação, e goza dos direitos sociais da igualdade natural, da segurança e da justiça.

Se a condição do tributo não tivesse determinado a aptidão aos cargos, a Constituição teria sido popular e anárquica; se a condição tivesse sido forte e única, a aristocracia teria degenerado em tirania; os legisladores tiveram que adotar um meio termo que não desencorajasse a pobreza e tornasse inútil a opulência.

Essa desigualdade não ofende os direitos naturais, mas somente as pretensões sociais.

Para estabelecer na república a igualdade natural, é preciso dividir as terras e conter a indústria.

Se a indústria é livre, ela é a fonte de onde emanam os direitos políticos, e então a desigualdade de fato produz uma ambição que passa a ser a virtude.

Já se disse que onde os poderes não fossem separados, não haveria constituição; poder-se-ia acrescentar que onde os homens fossem socialmente iguais, não haveria harmonia.

A igualdade natural desconcertaria a sociedade; não haveria nem poder nem obediência, o povo fugiria para o deserto.

A aristocracia da França, mandatária da soberania nacional, faz as leis às quais obedece, e que o príncipe manda executar; ela regula os impostos, determina a paz e a guerra; o povo é monarca submisso e súdito livre.

O poder legislativo é permanente, os legisladores mudam a cada dois anos. Do mesmo modo que a presença e a força do pensamento são incessantemente necessárias para a conduta do homem, assim também a sabedoria e o vigor do poder legislativo são perpetuamente úteis à atividade de um bom governo, e devem velar pelo espírito das leis depositárias dos interesses de todos.

Quando se tratou de estabelecer a duração da representação, percebeu-se que se tratava, na maioria, de pessoas suspeitas que opinavam pelo mandato mais longo. Poder-se-ia alegar contra elas inúmeras razões; a mais sólida é que o hábito de reinar nos torna inimigos do dever. Numa aristocracia inteiramente popular, os legisladores são prudentemente escolhidos e substituídos pelo povo; seu caráter deve ser inviolável, ou a aristocracia estaria perdida; eles não devem responder por seu comportamento, eles não governam; a lei deve ser passiva entre a recusa suspensiva do príncipe e a prudência da legislação que virá depois.

CAPÍTULO VII

DO PRINCÍPIO DA ARISTOCRACIA FRANCESA

As antigas aristocracias, cujo princípio era a guerra, deviam formar um corpo político impenetrável, constante em seus empreendimentos, vigoroso em seus conselhos, independente da riqueza, e que, ao mesmo tempo em que segurava as rédeas do orgulho natural do povo para manter a tranquilidade interna, devia nutri-lo com um orgulho republicano, que o tornasse intrépido e audacioso no exterior.

Do mesmo modo que essas associações estáveis e inamovíveis podiam orientar-se por máximas particulares, que não eram leis positivas, também é difícil para as comunas da França, periodicamente renovadas, moverem-se num plano de sabedoria, se esta sabedoria não for a própria lei.

Deriva dessas considerações que a aristocracia da França não é apta à conquista, porque quer uma sequência de resoluções que interromperia a vicissitude e o talento variado das legislaturas.

Ela fará bem em amar a paz, e em não se afastar de sua natureza, que é a igualdade ou a harmonia interior; se por acaso ela se deixasse levar pelo atrativo da dominação, veria tudo dissolver-se; os movimentos que precisaria prolongar debilitariam ainda mais sua força; perderia no interior o que ganhasse no exterior; e as vitórias não seriam menos fulminantes que as derrotas para a constituição de um povo insolente e volúvel.

Depois que o povo romano conquistou o mundo, acabou por conquistar o senado; quando ficou saciado, o delírio de seu poder o levou à escravidão.

O princípio da aristocracia francesa é a tranquilidade.

CAPÍTULO VIII

DA NATUREZA DA MONARQUIA

A monarquia da França é quase igual à primeira de Roma; seus reis proclamavam os decretos públicos, mantinham as leis, comandavam os exércitos e limitavam-se à simples execução: assim, percebe-se que a liberdade não retrocedeu, e até mesmo absorveu essa realeza. Mas essa revolução derivou menos do desenvolvimento da liberdade civil, por mais ardente que fosse, do que do poder surpreendente que subitamente o monarca quis usurpar, ignorando leis vigorosas que o repeliram. A França estabeleceu a monarquia sobre as bases da justiça, para que não se tornasse excessiva.

O monarca não reina, qualquer que seja o sentido desta palavra, ele governa; o trono é hereditário em sua casa, é indivisível; tratarei em lugar apropriado deste assunto; examinemos agora somente o poder monárquico em sua natureza.

O intermediário dos ministros teria sido perigoso se o monarca tivesse sido soberano, mas o próprio príncipe é intermediário; recebe as leis do corpo legislativo e lhe presta contas da execução; pode apenas evocar o texto, e confiar às legislaturas o que tem a ver com o espírito.

Pela sanção que o monarca pronuncia, ele exerce menos seu poder soberano do que uma delegação inviolável do poder soberano do povo; a maneira de sua aceitação, como de sua recusa, é uma lei positiva, de modo que essa aceitação e essa recusa são o exercício da lei e não o da vontade; o freio de uma instituição precária que exige alguma maturidade e não a defesa; o vigor da monarquia e não da autoridade do rei. O que poderia haver de poder na recusa expira após a legislatura; o povo renova nesse momento a plenitude de sua soberania e rompe a suspensão relativa do monarca.

Num governo misto todos os poderes devem ser repressores, toda incoerência é harmonia, toda uniformidade é desordem.

A liberdade precisa de um olho para observar o próprio legislador e de uma mão para detê-lo. Esta máxima pode ser boa, principalmente num Estado em que o poder executivo, que não muda, é depositário das leis e dos princípios que a instabilidade das legislações poderia abalar.

A monarquia francesa, imóvel no meio da Constituição inteiramente móvel, não tem ordens intermediárias, mas magistraturas com mandato de dois anos.

Só o ministério público é vitalício, porque exerce uma censura contínua aos cargos renovados incessantemente: como tudo muda à sua volta, as magistraturas o veem sempre novo.

A monarquia, em vez de ordens intermediárias no povo, por onde circula a vontade suprema, dividiu seu território em uma espécie de hierarquia que leva as leis da legislação ao príncipe, deste para os departamentos, destes para os distritos, destes últimos para os cantões, de maneira que o império, protegido pelos direitos do homem como ricas messes, apresenta por toda parte a liberdade perto do povo, a igualdade perto do rico, a justiça perto do fraco.

Parece que a harmonia moral só é sensível enquanto se assemelha à regularidade do mundo físico. Examine-se a progressão das águas desde o mar que abrange tudo até os riachos que banham os prados e ter-se-á a imagem de um governo que torna férteis todas as coisas.

Tudo emana da Nação, tudo volta para ela e a enriquece; tudo decorre do poder legislativo, tudo volta para ele e nele se purifica; e esse fluxo e refluxo da soberania e das leis une e separa os poderes que se evitam e se procuram.

A nobreza e o clero, que foram a muralha da tirania, desapareceram com ela; uma não existe mais, o outro é apenas o que deve ser.

Nos séculos passados, a constituição era apenas a vontade de um só e o poder soberano de muitos: o espírito público era o amor pelo soberano, porque se temiam os grandes; a opinião era supersticiosa porque o Estado estava repleto de monges que a ignorância dos grandes e a estupidez do povo reverenciavam; quando o povo deixou de temer os grandes, rebaixados no século passado, e quando a influência dos homens poderosos fez falta aos monges, o vulgo reverenciou menos o hábito, a opinião destruiu-se pouco a pouco, e os costumes seguiram-na.

Antes que a opinião fosse completamente esclarecida, os tesouros de um cabido levados para a Casa da Moeda teriam sido suficientes para armar o clero; tudo era fanatismo, ilusão; hoje, despojaram-se, sem o menor escândalo, os templos, as casas religiosas; esvaziaram-se e demoliram-se os lugares santos; levaram para o tesouro público os vasos, os santos, os relicários; desfizeram-se de certo modo e suprimiram-se os votos monásticos; os padres não atearam fogo ao céu; a maioria recebeu a notícia de sua supressão como um de seus benefícios; a opinião não estava mais nem no mundo nem no meio deles; não se confundia mais o turíbulo com Deus. Tudo é relativo no mundo; o próprio Deus e tudo o que é bom é um preconceito para o fraco; a verdade só é sensível para o sábio.

Quando o Cardeal de Richelieu derrubou os grandes e os monges, que eram odiados após o derramamento de sangue das guerras civis, tornou-se um déspota que começou a ser temido; preparou involuntariamente o estado popular, matou o fanatismo que deu apenas alguns derradeiros suspiros e mudou a opinião que desde então permanece calada.

O clero imitou o fanatismo quando ficou sem credibilidade; Port-Royal e a Sorbonne foram a arena; ninguém tomou partido seriamente nessas polêmicas e as pessoas divertiram-se como num espetáculo onde se reproduzem as resoluções dos impérios que não existem mais.

Tudo estava unido anteriormente numa dependência secreta: só se dependia do tirano; a opinião foi o temor e o interesse; assim, este século foi o dos aduladores; não se precisava mais da nobreza nos exércitos, ela assustava o despotismo: Luís XIV sentiu sua ausência depois e a procurou para sepultar-se com ela sob os escombros da monarquia; então só encontrou escravos; todavia, a vaidade ainda fez heróis; no reinado seguinte restabeleceu-se a nobreza em seus cargos, mas não dava mais tempo, ela estava corrompida. O povo ficou com ciúme, desprezou aqueles que o comandavam, a infelicidade lhe fez as vezes de virtude; eis-nos no tempo em que a revolução explodiu.

A monarquia, por não ter mais nobreza, é popular.

CAPÍTULO IX

DOS PRINCÍPIOS DA MONARQUIA

Talvez fosse um paradoxo em política uma monarquia sem privilégios e um trono que, sem ser eletivo como em Moscou, nem disponível como no Marrocos, fosse uma magistratura hereditária mais augusta que o próprio Império.

Eu disse que a monarquia era sem privilégios porque o monarca não é mais a sua origem, mas o povo, que concede os cargos; ela tem entretanto uma virtude relativa que provém do zelo e da vigilância, cujo motivo e objeto é ela própria.

Falo do espírito fundamental da monarquia; ela parecerá sempre popular, qualquer que seja sua inclinação para a tirania, assim como o povo será zeloso para com a monarquia, qualquer que seja o amor pela liberdade.

A monarquia não terá súditos, chamará o povo seus filhos porque a opinião terá tornado o despotismo ridículo; mas ela não terá nem filhos nem súditos, o povo será livre.

Seu caráter será a benevolência, porque ela terá que administrar a liberdade, reconhecer a igualdade, fazer a justiça.

Observará as leis com uma espécie de religião para não ter que se desviar de sua vontade, ou para reprimir a dos outros; será compassiva quando experimentar a tirania, severa quando sustentar a liberdade.

O povo a prezará porque seu coração adormecerá ante a brandura e seus olhos ante a magnificência; entretanto, sua imaginação fará da liberdade um preconceito, a ilusão será uma pátria.

CAPÍTULO X

DAS RELAÇÕES DE TODOS ESSES PRINCÍPIOS

Acreditei à primeira vista, como muitos outros, que os princípios da Constituição da França, incoerentes por sua natureza, deteriorar-se-iam com a evolução e não formariam uma unidade; mas quando penetrei o espírito do legislador, vi a ordem sair do caos, os elementos se separarem e criarem a vida.

O mundo inteligente, no qual uma república particular é como uma família na própria república, mostra contrastes por toda parte e algumas vezes singularidades tão marcadas que só podem ser um bem relativo, não fosse o grande projeto da constituição geral, mais ou menos como no mundo físico as imperfeições particulares concorrem para a harmonia universal.

No círculo estreito em que a alma humana se encerra, tudo lhe parece desordenado como ela, porque vê tudo destacado de sua origem e de seu fim.

A liberdade, a igualdade, a justiça são os princípios necessários daquilo que não é depravado; todas as convenções repousam sobre elas como o mar sobre sua base e contra suas margens.

Não se pressupunha que a democracia de um grande império pudesse produzir a liberdade, que a igualdade pudesse nascer da aristocracia e a justiça da monarquia; a nação recebeu o que lhe convinha da liberdade para ser soberana; a legislação tornou-se popular pela igualdade, o monarca conservou o poder de que necessitava para ser justo. Como é belo ver como tudo fluiu no seio do estado monárquico, que os legisladores escolheram judiciosamente para ser a forma de um grande governo; a democracia constitui, a aristocracia faz as leis, a monarquia governa!

Todos os poderes são oriundos dos princípios e elaborados sobre sua base imóvel; a liberdade fê-los nascer, a igualdade os mantém, a justiça regula seu uso.

Em Roma, em Atenas e em Cartago os poderes eram às vezes uma só magistratura; a tirania estava sempre perto da liberdade; assim estabeleceu-se censura de diversas maneiras; na França não há poder, falando sensatamente; só as leis comandam, seus ministros impõem-se a obrigação de prestar contas uns aos outros e todos juntos à opinião, que é o espírito dos princípios.

CAPÍTULO XI

CONSEQUÊNCIAS GERAIS

Numa tal Constituição em que o espírito se inflama e arrefece sem cessar, é de se temer que pessoas hábeis, deturpando as leis, coloquem-se no lugar da opinião, cheias de máximas que fortificam a esperança de impunidade.

Estou cansado de ouvir que Aristides é justo, dizia um grego de bom senso.

Deve-se temer principalmente o monarca, ele é como Deus, que tem suas leis às quais se acomoda, mas que pode todo o bem que quer, sem poder o mal. Se ele fosse guerreiro, político, popular, a Constituição penderia à beira de um abismo; seria preferível que a nação fosse vencida, que o monarca não triunfasse. Desejo à França vitórias em seu interior, derrotas nos países vizinhos.

Os poderes devem ser moderados, as leis implacáveis, os princípios irreversíveis.

CAPÍTULO XII

DA OPINIÃO PÚBLICA

A opinião é a consequência e a depositária dos princípios. Em todas as coisas o princípio e o fim se tocam onde estão prestes a se dissolver. Há uma diferença entre o espírito público e a opinião: o primeiro é formado pelas relações da constituição ou da ordem, e a opinião é formada pelo espírito público.

A constituição de Roma era a liberdade; o espírito público, a virtude; a opinião, a conquista. No Japão, a constituição (se posso empregar este termo) é a violência; o espírito público, o temor; a opinião, o desespero. Entre os povos da Índia, a constituição é a tranquilidade; o espírito público, o desprezo da glória e do ouro; a opinião, a indolência.

Na França, a constituição é a liberdade, a igualdade, a justiça; o espírito público, a soberania, a fraternidade, a segurança; a opinião, a Nação, a Lei e o Rei.

Demonstrei quão verdadeiros eram os princípios da Constituição; mostrei as relações entre eles; vou buscar as relações da Constituição com seus princípios e com suas leis.

TERCEIRA PARTE

Do Estado Civil da França, de suas Leis e das Relações destas com a Constituição

CAPÍTULO I

PREÂMBULO

A Constituição é o princípio e o fulcro das leis; toda instituição que não emana da Constituição é tirania; é por isso que as leis civis, as leis políticas, as leis do direito das gentes devem ser positivas e nada deixar nem para as fantasias, nem para as presunções do homem.

CAPÍTULO II

COMO A ASSEMBLEIA NACIONAL DA FRANÇA FEZ LEIS SUNTUÁRIAS

Enganam-se aqueles que pensam que a Assembleia Nacional da França ficou embaraçada com a dívida pública e que amesquinhou seus fins legislativos; todos os alicerces estavam assentados... As leis suntuárias, tão difíceis de estabelecer, apresentaram-se por si mesmas; o luxo morria de miséria; a necessidade exigia reformas; o feudalismo destruído elevava o coração do povo e derrubava a nobreza; o povo, durante tanto tempo insultado, devia aplaudir sua queda. A dívida pública foi um pretexto para apoderar-se dos bens do clero; os escombros da tirania preparavam uma república. O Sr. de Montesquieu previra isto quando disse: "Aboli numa monarquia as prerrogativas dos senhores, do clero, da nobreza, das cidades, tereis brevemente um Estado popular ou um Estado despótico": um estado popular no caso em que os privilégios seriam destruídos pelo povo, despótico no caso de golpe dado por reis.

Roma ficou livre; mas se Tarquínio tivesse voltado para Roma, ela teria sido mais esmagada que os locros por Dionísio, o jovem. Não se pode dizer o mesmo e mais que isso da França, que não tinha costumes e não teria mais leis.

Todos podiam consertar, construir; mas as comunas mostraram principalmente sua sabedoria destruindo, aniquilando.

Era preciso uma justa proporção entre duas extremidades, conforme a reflexão do grande homem que citei: "Tereis um Estado popular ou um Estado despótico". A obra-prima da Assembleia Nacional é ter temperado essa democracia.

Veremos que partido ela tirou daquilo que chamei leis suntuárias; como suas instituições seguiram sua natureza; como o vigor das novas leis repeliu o vício das antigas; e como os usos, as maneiras e os preconceitos, mesmo os mais invioláveis, tomaram o tom da liberdade.

Sob o primeiro e o segundo imperador romano, o Senado quis restabelecer as antigas leis suntuárias que a virtude fizera: isso foi impraticável, porque a monarquia estava formada, porque o império opulento estava submerso nos prazeres, inebriado de felicidade e de glória; como o povo com leveza de espírito poderia ter procurado outros prazeres, outra felicidade, outra glória, na mediocridade? O mundo estava conquistado, acreditava-se não mais precisar da virtude.

A pobreza é a tal ponto inimiga da monarquia, mesmo, esta, já extenuada na França, ainda que o luxo tivesse atingido o seu auge, que foi preciso que a honra e a impotência trouxessem a reforma, assim como a depravação conduz à depravação e enfim à morte. Os preparativos foram delicados; operou-se a reforma das ordens, das administrações, em vez daquela dos indivíduos.

Tirando as pensões, os favores, os privilégios dos grandes, satisfez-se o vulgo ciumento que, ainda mais fútil do que interesseiro, não viu a princípio, e em seguida não pôde ou não ousou lamentar, que o luxo perdido dos grandes tinha engolido a fonte do seu próprio.

Havia uma distância maior entre o ponto em que se estava e aquele de onde se vinha, do que àquele para onde se ia; o corpo estava pesado demais para voltar atrás.

Licurgo sabia muito bem que suas leis seriam difíceis de estabelecer, mas uma vez que pegassem, suas raízes seriam profundas: já sabemos disso. Ele entregou o cetro da Lacedemônia ao filho de seu irmão, e quando teve certeza, pelo respeito que inspirou, de que observariam suas leis até a sua volta de Delfos, partiu para o exílio, não voltou mais e ordenou que seus ossos fossem lançados ao mar. A Lacedemônia observou suas leis e floresceu durante muito tempo.

De tudo isto pode-se inferir que quando um legislador dobrou-se sabiamente aos vícios de uma nação e dobrou as possíveis virtudes do povo a si próprio, fez tudo. Licurgo garantiu a castidade violando o pudor e voltou o espírito público para a guerra, porque era feroz.

Os legisladores da França não suprimiram o luxo que se amava, mas os homens magníficos que não eram amados; não pareceu que atacavam o mal, mas que queriam o bem.

Uma causa importante nesse tipo de progresso é que todos os homens desprezavam-se; o vulgo desdenhava o vulgo; os grandes enganavam os grandes; todos foram vingados.

CAPÍTULO III

DOS COSTUMES CIVIS

Os costumes são as relações que a natureza estabeleceu entre os homens; compreendem a piedade filial, o amor e a amizade. Os costumes na sociedade são ainda essas mesmas relações, mas desnaturadas.

A piedade filial é o temor; o amor, a galanteria; a amizade, a familiaridade.

Uma constituição livre é boa na medida em que aproxima os costumes de sua origem, que os pais são amados, as inclinações puras e os laços, sinceros. É somente nos povos bem governados que se encontram exemplos dessas virtudes, que exigem dos homens toda a energia e a simplicidade da natureza. Os governos tirânicos estão cheios de filhos ingratos, de esposos culpados, de falsos amigos; invoco o testemunho da história de todos os povos. Meu intento aqui é o de falar apenas da França; pode-se dizer que ela não tem em seus costumes civis nem virtudes nem vícios; todos observam as conveniências; a piedade filial é o respeito; o amor, um laço civil; a amizade, um divertimento e todos juntos, o interesse.

Há uma outra espécie de costumes: os costumes privados, quadro deplorável que a pena se recusa às vezes a traçar; são a consequência inevitável da sociedade humana e derivam da tormenta do amor próprio e das paixões. Os gritos dos oradores não param de persegui-los sem atingi-los: a pintura que fazem deles só serve para acabar de corrompê-los. Ocultam-se frequentemente sob o véu da virtude e toda a arte das leis consiste em repeli-los incessantemente sob esse véu. Eis o que restou dos sagrados preceitos da natureza, cuja sombra civilizada ainda tornaremos a ver. A natureza saiu do coração dos homens e ocultou-se em sua imaginação; entretanto, se a constituição é boa, reprime os costumes ou transforma-os em benefício próprio, como um corpo robusto se nutre de alimento sem qualidade.

As leis que regem os bens de raiz, os testamentos, as tutelas são o espírito do respeito filial. As leis dos bens adquiridos por testamento, das doações, dos dotes, das rendas recebidas pelas viúvas, das separações, do divórcio, são o espírito do laço conjugal: os contratos são o espírito do estado civil, ou suas relações sociais, que são chamados interesses.

Esses são os restos da amizade, da confiança; a violência das leis faz com que se possa viver sem as pessoas de bem.

As leis civis da França parecerão admiráveis a todo aquele que puder aprofundar os recursos que a natureza deixava aos homens na razão, de tão infinita, harmoniosa e inesgotável que é. A sabedoria estabeleceu os fundamentos eternos das leis francesas à luz das diversas considerações do contrato social; elas são na maioria tiradas do direito romano, isto é, da fonte mais pura que jamais existiu. Pena é que instituam como deveres interesseiros os mais doces sentimentos de nossas entranhas, e que só tenham por princípio a propriedade avara.

Com efeito, o direito civil é o sistema da propriedade. Poder-se-ia imaginar que o homem se tenha afastado o bastante desse amável desinteresse que parece ser a lei social da natureza, para prestigiar esta triste propriedade com o nome de lei natural? Seres passageiros sob o céu, a morte não nos tinha ensinado que por menos que a terra nos pertencesse, nosso estéril pó pertencia a ela mesma? Mas de nada serve lembrar uma moral doravante inútil aos homens, a não ser que o círculo de sua corrupção os reconduza à natureza. Sonhar não faz parte de meu assunto; quero dizer que a terra seja dividida entre os homens após a morte de sua mãe comum, e que a propriedade é regida por leis que podem ser cheias de sabedoria, que impedem a corrupção de se escamotear e o mal de abusar de si próprio. O esquecimento dessas leis fizera nascer o feudalismo, sua recordação o derrubou; suas ruínas sufocaram a escravidão, devolveram o homem a si próprio, o povo às leis.

CAPÍTULO IV

DO REGIME FEUDAL

A supressão das regras feudais destruiu a metade das leis que desonrava a outra. Se não fosse penoso irritar-se de novo contra o mal que não existe mais, eu revelaria esses horrores que deram o exemplo, entre os modernos, de uma servidão desconhecida na própria Antiguidade, de uma servidão baseada na moral, e que se tornara um culto cego.

Perguntei-me durante muito tempo por que a França não tinha queimado até às raízes esses detestáveis abusos; por que um povo livre pagava direitos de transmissão; e por que os direitos úteis de servidão tinham permanecido resgatáveis: não consegui convencer-me de que nossos sábios legisladores tenham podido enganar-se nessa questão; preferi acreditar que os direitos de transmissão entre vivos, recolhidos pelo senhor, foram mantidos para facilitar a venda das propriedades nacionais, que estão isentas por natureza; que foram mantidos para não causar revolução na condição civil, pois todos teriam vendido e comprado; prefiro dizer, finalmente, que os direitos úteis permaneceram resgatáveis porque, com o tempo, o mal tinha se erigido em máximas; que era preciso aperfeiçoar lentamente, mas que teria sido funesto romper.

A liberdade custa sempre pouco quando é paga apenas em dinheiro. As comunas da França pouparam tudo o que tinha um caráter de propriedade útil; é o ponto fraco dos homens de hoje. Outrora, os nobres teriam dito: tomai tudo, mas deixai-nos a boca e a espora; hoje, o sangue dos nobres está tão tíbio que eles próprios só veem a nobreza como um direito de passagem; fala-se dos antepassados somente à mesa e o povo só venera os feudos dependentes.

Suprimiu-se o direito viário, franquearam-se as avenidas; suprimiu-se a honra, a vaidade despojada ficou nua; mas respeitou-se o interesse e agiu-se bem: a propriedade torna o homem cuidadoso, ela vincula os corações ingratos à parte. As prerrogativas honoríficas, quando não têm mais atrativos entre os costumes políticos, que são as relações de vaidade, tornam as almas pequenas arrogantes e más. Como o famoso decreto que destruiu o regime feudal não ordenou expressamente aos proprietários que restituíssem seus títulos, um cadastro, um tombo, ou o simples uso, bastavam para manter o censo; não se quis frustrar o verdadeiro proprietário, nem ocultar o usurpador.

CAPÍTULO V

DA NOBREZA

As distinções das ordens formavam os costumes políticos. Do destino de umas resultou o dos outros. O famoso decreto sobre a nobreza hereditária purgou o espírito público e destruiu completamente a falsa honra da monarquia. Subsistem apenas alguns nomes felizes: d'Assas, Chambord, Lameth, Lukner; e os nomes famosos dos heróis mortos não são mais maculados pelas baixezas e indignidades dos vivos. Pode-se dizer que quase toda a nobreza, entregue à indolência e aos prazeres, não tinha nem antepassados nem posteridade; tinha ridicularizado suas máximas, delas só restava uma sombra que se desvaneceu com a luz.

Se a escravidão foi um crime em todos os tempos e em todos os costumes, poder-se-ia dizer que a tirania teve virtudes entre nossos antepassados: viram-se déspotas humanos e magnânimos; em nossos dias, observavam-se sibaritas atrozes e que, do sangue dos seus antepassados, só tinham os humores.

A antiga glória fenecera. Que ajuda devia a pátria esperar desse orgulho esgotado que só sentiu falta da opulência e das facilidades da dominação? O que se deve admirar mais: um povo que tudo fez por sua liberdade ou uma aristocracia que nada ousou por causa de seu orgulho? O crime estava maduro, ele caiu; sejamos claros: a nobreza foi devolvida a si própria e a igreja, a seu Deus.

A lei não proscreveu a virtude sublime; ela quis que a alcançássemos, nós mesmos, e que a glória de nossos antepassados não nos tornasse negligentes de nossas virtudes pessoais.

É uma máxima absurda a do privilégio hereditário. Se a glória que merecemos só nos pertence após nossa morte, por que aqueles que a conquistaram gozariam dela audaciosamente durante sua vida ociosa?

CAPÍTULO VI

DA EDUCAÇÃO

A França ainda não promulgou leis sobre a educação no momento em que escrevo, mas provavelmente nós as veremos sair do corpo dos direitos do homem. Tenho pois apenas uma palavra a dizer: a educação na França deve ensinar a modéstia, a política e a guerra.

CAPÍTULO VII

DA JUVENTUDE E DO AMOR

Os grandes legisladores distinguiram-se principalmente pela ousadia de suas instituições no tocante ao pudor: não permita Deus que eu queira estabelecer a ginástica entre nós. O culto severo que professa hoje a Europa não mais permite o uso dessas leis: só lamento que elas nos pareçam tão estranhas e que sejamos fracos apenas porque somos corrompidos.

A Antiguidade esteve repleta de instituições que se assemelham a desvarios, mas que atestam sua amável simplicidade.

O pudor só começou a enrubescer depois que o coração se tornou culpado e que os governos ficaram enfraquecidos: as mulheres não são em nenhum lugar mais modestas e mais ardentes do que nos estados tirânicos. Quanto mais tocante era a ingenuidade das virgens gregas! Todas as virtudes antigas tornaram-se deferências entre nós e somos ingratos civilizados.

A educação moderna lustra os costumes das moças e as estraga: embeleza-as e as torna dissimuladas; e como ela não sufoca a natureza, mas somente a deprava, torna-se um vício e apenas se esconde; daí as tristes inclinações que pervertem os costumes e os casamentos imprudentes que atormentam as leis.

A França deve invejar a um povo vizinho esse feliz temperamento que permite que se contraiam matrimônios desiguais sem constrangimento; mas não é o bastante; seria preciso ainda que o fosse com honradez. É verdade que a fleuma dos homens desse clima, uma indomável inclinação para o amor e uma certa altivez que faz com que comprometam seus deveres, são, mais que a virtude, a razão desses costumes. Qualquer que seja a razão disso, ela é favorável à liberdade; vinga a natureza, como a lei dos cretenses traz de volta o natural, permitindo a insurreição e a licenciosidade.

CAPÍTULO VIII

DO DIVÓRCIO

Roma tinha um costume indigno de sua virtude; era o repúdio; ele propõe ao espírito algo mais revoltante do que o próprio divórcio. Este assemelha-se a uma vontade unânime, aquele é a vontade de um só. É verdade que os casos de repúdio eram determinados e que essas leis, por força do seu caráter público, revertiam em benefício dos costumes; mas tais instituições teriam logo pervertido essas nações que regurgitam de libertinagem.

Qual podia ser o sentimento daqueles que queriam admitir o divórcio na França, ou qual era sua ilusão? Não se falou mais disso. A separação é igualmente uma infâmia que macula a dignidade do contrato social: "O que responderei a teus filhos quando me perguntarem onde está a mãe deles?"

Quanto mais os costumes privados forem dissolutos, tanto mais convém que leis boas e humanas tornem-se inflexíveis contra seu desregramento. A virtude nada deve ceder aos homens em particular.

Não há pretexto que possa esconder o perjúrio dos esposos que se separam; no tempo dos votos religiosos, ficara estabelecido que nem mesmo Deus podia alterar esse laço sagrado e os esposos não podiam se apartar depois dos votos ao pé dos altares; seu caráter é indelével, como o de irmão e irmã, diz Teofilacto; quaisquer que sejam as religiões e as crenças, o juramento de unir-se é o próprio Deus; o judeu ou muçulmano que se converte não pode alegar sua conversão para alterar o vínculo que o compromete; o contrato primitivo é imprescritível, e a conversão, em vez de ir de encontro a ele, é uma prevaricação.

Os povos que praticam o divórcio sem perigos são monstros ou prodígios de virtude; aqueles que admitem a separação zombam do espírito do juramento. Por que vos separais se não vos deixais?

As separações ultrajam não somente a natureza, mas a virtude; as pessoas se separam o mais das vezes para enganar seus credores.

CAPÍTULO IX

DOS CASAMENTOS CLANDESTINOS

A falsa honra das monarquias criou os casamentos clandestinos. Era ainda um vício da República romana o austero orgulho das ordens que não lhes permitia unir-se. Roma estava repleta de leis perigosas que deviam causar sua ruína assim que a tivessem elevado. Não foi César quem escravizou sua pátria, suas leis estavam simplesmente degeneradas e Roma caminhava a passos largos para a monarquia.

Pela época do declínio do império, apareceu esta famosa lei, **movemur diuturnitate et numero liberorum**; por mais bela e sublime que fosse em si mesma, foi inútil; a honra fê-la calar-se, ela só estimulou o mal.

Os casamentos clandestinos não gozam de direitos civis nem na monarquia nem na república; as leis nada podem permitir que seja escondido; dissipai a ridícula honra e o insensato interesse, não tereis mais necessidade de leis violentas.

Os Estados despóticos que não conhecem o conceito de honra não conhecem a clandestinidade dos casamentos; é um mal da escravidão; há Estados livres que a conhecem, é um mal da liberdade.

CAPÍTULO X

DA INFIDELIDADE DOS ESPOSOS

Disseram que a dependência natural da mulher tornava sua infidelidade mais repreensível que a do marido; não é exatamente aqui que quero examinar se essa dependência é natural ou política; rogo somente que se reflita sobre isso, mas quero de uma vez por todas que me expliquem por que o marido que gera filhos adulterinos na casa de um outro, ou de muitos outros, é menos criminoso que a mulher que não pode gerar mais que um na sua. Há um contrato entre os esposos (não falo do contrato civil). O contrato é nulo se um dos dois é prejudicado; dizer que o esposo infiel não é culpado, é dizer que se reservou, pelo contrato, o privilégio de ser mau; então, o contrato é nulo em seu princípio natural, não o é menos em seu princípio político, pois sua liberdade, nesse particular, teve que infringir o contrato de um terceiro, o que contraria o pacto social. Aqueles que promulgam leis contra as mulheres e não contra os esposos deveriam ter estabelecido também que o assassino não seria o criminoso, mas a vítima; mas tudo isso está ligado aos costumes. Oh! vós que fazeis leis, sois responsáveis por elas; os bons costumes povoam os impérios.

CAPÍTULO XI

DOS BASTARDOS

Toda parte virtuosa tornar-se-á a mãe dos desafortunados a quem a vergonha terá recusado o leite e os carinhos da natureza; restam ao órfão as mãos que o educam e que ele beija; falam-lhe às vezes de sua mãe, de quem a arte pode conservar os traços. O bastardo, mil vezes mais infeliz, procura saber quem ele é no mundo; pergunta a tudo o que vê o segredo de sua vida; e como sua juventude está geralmente mergulhada na amargura, a desgraça o torna sagaz numa idade precoce.

Existe algo mais digno de interesse que esse triste desconhecido? Se existe uma hospitalidade religiosa, é aquela que recolhe quem a natureza lhe envia; é o bem mais sublime que se pode fazer no mundo. É o menos interesseiro; não é proveitoso para o coração de uma mãe.

Uma jovem enganada pela fraqueza não é criminosa diante das leis de seu país; são as leis unicamente que são culpadas para com ela. Um preconceito a desonra, ela apenas é infeliz.

As leis são culpadas também para com o bastardo; perseguem um miserável que deveriam consolar.

Quanto mais os costumes forem corrompidos, mais a opinião será severa; uma boa Constituição desconcerta os preconceitos e cura os costumes.

As leis reinam sem força em todo lugar onde os costumes civis são tiranizados.

CAPÍTULO XII

DAS MULHERES

Entre os povos realmente livres, as mulheres são livres e adoradas e levam uma vida tão amena quanto merece sua fraqueza vantajosa. Disse a mim mesmo algumas vezes na capital: que pena! Nesse povo escravo, não existe uma mulher feliz, e a arte com que cuidam de sua beleza apenas prova à sociedade que nossa infâmia as fez abandonar a natureza; pois, pela modéstia de uma mulher, reconhece-se a candura de seu esposo.

Nesse povo filósofo e volúvel, todos só amavam a si próprios de tanto desprezar os outros e de se desprezarem a si próprios; todos tinham um coração falso sob o arminho e a seda, e até mesmo as carícias dos esposos eram dissimuladas.

Daqui a vinte anos, verei provavelmente com muita alegria este povo, que recupera hoje sua liberdade, recuperar pouco a pouco seus costumes.

Nossos filhos ficarão ruborizados talvez com os retratos efeminados de seus pais. Menos enfraquecidos que nós pela devassidão e pelo repouso, suas paixões serão menos brutais que as nossas, pois em corpos enfraquecidos pelo vício, encontramos sempre almas endurecidas.

Quando os homens não têm mais pátria, logo se tornam celerados; é necessário perseguir, a qualquer preço, a felicidade que nos escapa; as ideias mudam, encontramo-la no crime.

Ó Legisladores! dai-nos leis que nos obriguem a amá-las; a indiferença pela pátria e amor de si próprio é a fonte de todo mal; a indiferença por si próprio e amor da pátria é a fonte de todo bem.

CAPÍTULO XIII

DOS ESPETÁCULOS

Os gregos foram os homens mais sábios do mundo nessa arte; ela foi entre eles a filha da liberdade e só foi suportada em Roma após a deterioração dos costumes; os procônsules, os generais, chegavam carregados com os despojos do mundo. A liberdade romana estava submersa no ouro e nos prazeres.

Os ricos da Grécia dissipavam também sua opulência em jogos, em espetáculos; a lei que os forçava a isso era boa para essa aristocracia, porque a impedia de perturbar o Estado; mas os espetáculos inauditos, ao formar as artes, destruíram as leis: sabemos qual foi o destino de Atenas.

A França, cujo Estado é bem diferente do grego, deve um dia ser a mais comerciante ou a mais indolente das nações.

Ela tem espetáculos como os outros povos deste continente; mas eles têm muito pouca influência sobre o caráter público; leva-se para lá o tédio, traz-se de lá o desgosto; a liberdade dos teatros fará desaparecer as obras-primas antigas.

CAPÍTULO XIV

DO DUELO

O duelo não é um preconceito, mas um uso; aquele é um vício da constituição, este um vício do espírito público. Os preconceitos nasciam da corrupção de um princípio; as pessoas tornaram-se devotas depois de ignorar a fé; fanáticas após a devoção, orgulhosas depois que perderam a honra. A falsa honra degenerada da virtude cavalheiresca é nesse caso o preconceito; o duelo é um uso cego: ora quer uma gota de sangue, ora a vida; ao sentimento que o causou sucedem o arrependimento e a piedade; o arrebatamento passa, o preconceito permanece.

Todas as leis possíveis promulgadas contra o duelo seriam violentas e fariam apenas assassinos. Que se estabeleçam contra o duelo leis relativas que deem aos homens um espírito novo, o preconceito desaparecerá e o duelo morrerá.

O duelo é filho do despotismo e da liberdade; quando reunidos, um corrompe as leis, o outro, os homens, e a violência tem que decidir entre eles. Há muitos séculos os reis da França promulgaram terríveis éditos contra esse crime; só conseguiram estimulá-lo em vez de extingui-lo; eram leis injustas, detinham a vingança e não a injustiça; mas estava-se muito longe de querer deter a tirania; forçaram somente os espadachins a se esconderem, e porque a falsa honra continuou a subsistir, a própria virtude foi constrangida a esquecer-se de si mesma entre o assassino e o carrasco, a vergonha e a infâmia. Todo bem deriva da bondade das leis, todo mal, de sua corrupção.

A impotência dos éditos era tal, que se viram as partes condenadas pedirem satisfação a seus próprios juízes e discutirem com eles; o juiz que recusasse o debate passaria por infame. Tinha que ser assim, pois a lei era malfeita; ela condenava a espada e não desonrava o braço.

A inviolabilidade dos representantes da Nação foi uma quimera contra o duelo; todos os regulamentos que se tivessem imaginado contra esse abuso teriam parecido o pretexto para a covardia naquela circunstância. O duelo dos Srs. Castries e Lameth na verdade revoltou Paris, mas não tenhamos ilusões: o povo temia a perda de seus defensores.

Se a Constituição for vigorosa, o duelo desaparecerá por si mesmo. Os vícios vêm da fraqueza; perecem com ela e não se corrigem.

CAPÍTULO XV

DAS MANEIRAS

O francês nada perdeu de seu caráter ao tomar posse da liberdade, mas mudou de hábitos. Como anteriormente a pobreza carecia de pretextos, o próprio luxo se excedia e tornava-se uma paixão impotente, furiosa. Após a Revolução, pelo fato dos tributos serem excessivos e religiosos e da igualdade crescer por causa da indigência, a simplicidade nasceu do orgulho.

Porque o velho sal da nação foi conservado, a tirania pareceu ridícula, a liberdade uma brincadeira, o espírito, uma virtude.

Viram-se muitos oradores porque se tinha mais espírito que sentidos; a cabeça estava livre, o coração não.

A polidez tornou-se afetuosa, as pessoas não se cumprimentaram mais, passaram a beijar-se.

Viram-se muitas pessoas de bem e gênios ardentes; a liberdade foi mais uma paixão do que um sentimento; os amigos da pátria formaram sociedades onde reinava o mais hábil. A dos jacobinos foi a mais famosa. Preenchiam-na quatro homens realmente grandes e de quem falaremos um dia; nada está amadurecido hoje.

CAPÍTULO XVI

DA LINHA DE FRENTE

A natureza da linha de frente é a servidão; que honestidade se pode esperar desses homens que se deixam matar por dinheiro? O soldado é verdadeiramente um escravo; e o escravo armado só é bom em um povo guerreiro.

Quando a Germânia e o Egito deixaram de ser conquistadores, os escravos conquistaram sua liberdade ou confundiram as leis.

A insolência do soldado corrompe os costumes de um povo livre; mas como não existe vício que a arte do legislador, se não for um tirano, não possa submeter à liberdade, é possível que o exército se torne escola de virtude e princípio da educação. Suprimi e devolvei à gleba essa inumerável multidão de pessoas por conta das leis (para usar a expressão do imortal Rousseau); que a juventude, em vez de consumir sua vida no meio dos prazeres e do vício ocioso das capitais, espere na linha de frente a época de sua maioridade; que só se adquira o direito de cidadania depois de quatro anos no exército; vereis brevemente a juventude mais séria, e o amor da pátria transformado em paixão pública. Os costumes e os usos entre nações livres derivam das leis; na monarquia, do Príncipe; no despotismo, da religião; é por isso que, no primeiro caso, tudo concorre para a liberdade; no segundo, tudo tende para o olhar e a proteção do monarca; e no terceiro, tudo é superstição.

CAPÍTULO XVII

DA GUARDA NACIONAL

Foi no meio da anarquia, na tempestade da liberdade, que esta perigosa instituição tudo acalmou; o povo prendeu-se com suas mãos, dominou-se a si próprio; a ordem nasceu da confusão; aprendeu-se a se respeitar porque se caía a todo instante na dependência do outro; úteis terrores repentinamente espalhados formavam o espírito público e faziam suportar o peso das armas e o cansaço das vigílias. Cada qual se tornou depositário da lei, não sobrou mais ninguém para violá-la; de um lado o povo sentiu sua própria glória e foi generoso; de outro, ele ficou conhecendo sua força e nada temeu.

Alguns predisseram que o povo logo se enfastiaria de tantas fadigas, o que equivalia a dizer que se enfastiaria de seu orgulho; seria muito mais perigoso se ele não se moderasse de jeito nenhum. Foi preciso reprimi-lo mais frequentemente do que estimulá-lo. Logo submeteram o exército ao comando do ministério civil; se não fosse assim, a opinião teria se tornado militar e as magistraturas teriam sido cruentas.

Vi pessoas protestarem contra a humilhação em que a guarda cidadã caiu, segundo eles, por causa da arrecadação de tributos; era um resto de preconceito que vinculava infâmia aos criminosos impostos, estabelecidos pelo despotismo. A proteção dos tributos, se foram livremente aceitos, era um título de soberania que o próprio monarca detinha outrora. Quando a pátria ordena, nada é vergonhoso. O soldado de um Estado livre é maior que o vizir de um déspota.

Que perspicácia foi necessária para tornar virtuosos os súditos de uma monarquia e para produzir uma opinião que reunisse a força e os princípios; aí está, sem dúvida, o cúmulo da habilidade e a explicação mais sábia que se possa dar da calma que sucedeu à insurreição.

Louis-Antoine de Sant-Just

Maximilien de Robespierre (retratado por David)

Georges Jacques Danton (retratado por Wille no dia de sua execução)

Luís XVI (retratado por Joseph Ducreux)

Philippe d'Orléans (retratado por Boilly)

Marquês de La Fayette

Um "sans-culotte"

Uma figura feminina dos "sans-culottes"

Gravura de um jacobino

Édouard Milhaud, um dos representantes do Comitê de Salvação Pública da Convenção (retratado por David)

Gravura anônima exaltando a liberdade de imprensa proclamada em agosto de 1789

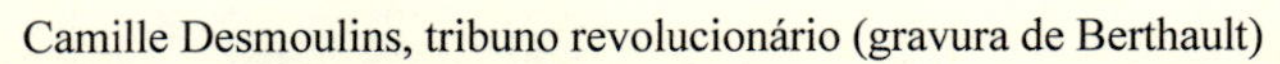

Camille Desmoulins, tribuno revolucionário (gravura de Berthault)

Luís XVI prestando juramento à Constituição

A prisão da família real em Varennes (gravura de Berthault)

(gravura de Richard Newton)

Gravura representando os "sans-culottes" dançando ao ritmo da canção satírica **La Carmagnole**

DÉCLARATION DES DROITS DE L'HOMME ET DU CITOYEN,

Décretés par l'Assemblée Nationale dans les séances des 20, 21, 23, 24 et 26 aoust 1789, acceptés par le Roi

PRÉAMBULE

LES représentans du peuple François constitués en assemblée nationale, considérant que l'ignorance, l'oubli ou le mépris des droits de l'homme sont les seules causes des malheurs publics et de la corruption des gouvernemens, ont résolu d'exposer dans une déclaration solemnelle, les droits naturels, inaliénables et sacrés de l'homme, afin que cette déclaration, constamment présente à tous les membres du corps social, leur rappelle sans cesse leurs droits et leurs devoirs; afin que les actes du pouvoir législatif et ceux du pouvoir exécutif, pouvant être à chaque instant comparés avec le but de toute institution politique, en soient plus respectés; afin que les réclamations des citoyens, fondées désormais sur des principes simples et incontestables, tournent toujours au maintien de la constitution et du bonheur de tous.

EN conséquence, l'assemblée nationale reconnoit et déclare, en présence et sous les auspices de l'Être suprême les droits suivans de l'homme et du citoyen.

ARTICLE PREMIER.

LES hommes naissent et demeurent libres et égaux en droits; les distinctions sociales ne peuvent être fondées que sur l'utilité commune.

II.

LE but de toute association politique est la conservation des droits naturels et imprescriptibles de l'homme; ces droits sont la liberté, la propriété, la sureté, et la résistance à l'oppression.

III.

LE principe de toute souveraineté réside essentiellement dans la nation, nul corps, nul individu ne peut exercer d'autorité qui n'en émane expressément.

IV.

LA liberté consiste à pouvoir faire tout ce qui ne nuit pas à autrui. Ainsi, l'exercice des droits naturels de chaque homme, n'a de bornes que celles qui assurent aux autres membres de la société la jouissance de ces mêmes droits; ces bornes ne peuvent être déterminées que par la loi.

V.

LA loi n'a le droit de défendre que les actions nuisibles à la société. Tout ce qui n'est pas défendu par la loi ne peut être empêché, et nul ne peut être contraint à faire ce qu'elle n'ordonne pas.

VI.

LA loi est l'expression de la volonté générale; tous les citoyens ont droit de concourir personnellement, ou par leurs représentans, à sa formation; elle doit être la même pour tous, soit qu'elle protege, soit qu'elle punisse. Tous les citoyens étant égaux à ses yeux, sont également admissibles à toutes dignités, places et emplois publics, selon leur capacité, et sans autres distinction que celles de leurs vertus et de leurs talens.

VII.

NUL homme ne peut être accusé, arrêté ni détenu que dans les cas déterminés par la loi, et selon les formes qu'elle a prescrites. Ceux qui sollicitent, expédient, exécutent ou font exécuter des ordres arbitraires, doivent être punis; mais tout citoyen appelé ou saisi en vertu de la loi, doit obéir à l'instant, il se rend coupable par la résistance.

VIII.

LA loi ne doit établir que des peines strictement et évidemment nécessaires, et nul ne peut être puni qu'en vertu d'une loi établie et promulguée antérieurement au délit, et légalement appliquée.

IX.

TOUT homme étant présumé innocent jusqu'à ce qu'il ait été déclaré coupable, s'il est jugé indispensable de l'arrêter, toute rigueur qui ne serait pas nécessaire pour s'assurer de sa personne doit être sévèrement réprimée par la loi.

X.

NUL ne doit être inquiété pour ses opinions, mêmes religieuses pourvu que leur manifestation ne trouble pas l'ordre public établi par la loi.

XI.

LA libre communication des pensées et des opinions est un des droits les plus précieux de l'homme; tout citoyen peut donc parler écrire, imprimer librement: sauf à répondre de l'abus de cette liberté dans les cas déterminés par la loi.

XII.

LA garantie des droits de l'homme et du citoyen nécessite une force publique; cette force est donc instituée pour l'avantage de tous, et non pour l'utilité particuliere de ceux à qui elle est confiée.

XIII.

POUR l'entretien de la force publique, et pour les dépenses d'administration, une contribution commune est indispensable; elle doit être également répartie entre les citoyens en raison de leurs facultées.

XIV.

LES citoyens ont le droit de constater par eux même ou par leurs représentans, la nécessité de la contribution publique, de la consentir librement, d'en suivre l'emploi, et d'en déterminer la quotité, l'assiete, le recouvrement et la durée.

XV.

LA société a le droit de demander compte à tout agent public de son administration.

XVI.

TOUTE société, dans laquelle la garantie des droits n'est pas assurée, ni les séparation des pouvoirs déterminée, n'a point de constitution.

XVII.

LES propriétés étant un droit inviolable et sacré, nul ne peut en être privé, si ce n'est lorsque la nécessité publique, légalement constatée, l'exige évidemment, et sous la condition d'une juste et préalable indemnité.

AUX REPRESENTANS DU PEUPLE FRANCOIS

"Declaração dos Direitos do Homem"

Gravura de uma guilhotina comum

A decapitação de Luís XVI

A execução de Maria Antonieta

O fechamento do Clube dos Jacobinos (gravura de Malepau)

PROCLAMATION
DU GÉNÉRAL EN CHEF
BONAPARTE.

Le 19 Brumaire, onze heures du soi

A mon retour à Paris, j'ai trouvé la division dans toutes les Autorités, et l'accord établi sur cette seule vérité, que la Constitution était à moitié détruite et ne pouvait sauver la liberté.

Tous les partis sont venus à moi, m'ont confié leurs desseins, dévoilé leurs secrets, et m'ont demandé mon appui : j'ai refusé d'être l'homme d'un parti.

Le Conseil des Anciens m'a appelé; j'ai répondu à son appel. Un plan de restauration générale avait été concerté par des hommes en qui la nation est accoutumée à voir des défenseurs de la liberté, de l'égalité, de la propriété : ce plan demandait un examen calme, libre, exempt de toute influence et de toute crainte. En conséquence, le Conseil des Anciens a résolu la translation du Corps législatif à Saint-Cloud; il m'a chargé de la disposition de la force nécessaire à son indépendance. J'ai cru devoir à mes concitoyens, aux soldats périssant dans nos armées, à la gloire nationale acquise au prix de leur sang, d'accepter le commandement.

Les Conseils se rassemblent à Saint-Cloud; les troupes républicaines garantissent la sûreté au dehors. Mais des assassins établissent la terreur au dedans; plusieurs Députés du Conseil des Cinq-cents, armés de stylets et d'armes à feu, font circuler tout autour d'eux des menaces de mort.

Les plans qui devaient être développés, sont resserrés, la majorité désorganisée, les Orateurs les plus intrépides déconcertés, et l'inutilité de toute proposition sage évidente.

Je porte mon indignation et ma douleur au Conseil des Anciens; je lui demande d'assurer l'exécution de ses généreux desseins; je lui représente les maux de la Patrie qui les lui ont fait concevoir : il s'unit à moi par de nouveaux témoignages de sa constante volonté.

Je me présente au Conseil des Cinq-cents; seul, sans armes, la tête découverte, tel que les Anciens m'avaient reçu et applaudi; je venais rappeler à la majorité ses volon et l'assurer de son pouvoir.

Les stylets qui menaçaient les Députés, sont aussitôt le sur leur libérateur; vingt assassins se précipitent sur moi cherchent ma poitrine : les Grenadiers du Corps législat que j'avais laissés à la porte de la salle, accourent, se mette entre les assassins et moi. L'un de ces braves Grenadi (*Thomé*) est frappé d'un coup de stylet dont ses habits sc percés. Ils m'enlèvent.

Au même moment, les cris de *hors la loi* se font entend contre le défenseur *de la loi*. C'était le cri farouche c assassins, contre la force destinée à les réprimer.

Ils se pressent autour du président, la menace à la bouch les armes à la main; ils lui ordonnent de prononcer le ho la loi : l'on m'avertit; je donne ordre de l'arracher à le fureur, et six Grenadiers du Corps législatif s'en emparer Aussitôt après, des Grenadiers du Corps législatif entre au pas de charge dans la salle, et la font évacuer.

Les factieux intimidés se dispersent et s'éloignent. I majorité, soustraite à leurs coups, rentre librement et p siblement dans la salle de ses séances, entend les prop sitions qui devaient lui être faites pour le salut publi délibère, et prépare la résolution salutaire qui doit deven la loi nouvelle et provisoire de la République.

Français, vous reconnaîtrez sans doute, à cette conduit le zèle d'un soldat de la liberté, d'un citoyen dévoué à République. Les idées conservatrices, tutélaires, libérale sont rentrées dans leurs droits par la dispersion des factie qui opprimaient les Conseils, et qui, pour être devenus l plus odieux des hommes, n'ont pas cessé d'être les pl méprisables.

Signé BONAPARTE.

Pour copie conforme : ALEX. BERTHIER.

A PARIS, DE L'IMPRIMERIE DE LA RÉPUBLIQUE. Brumaire an VIII.

A proclamação de Bonaparte, tida como fim da Revolução

CAPÍTULO XVIII

DA RELIGIÃO DOS FRANCESES E DA TEOCRACIA

Se o Cristo renascesse na Espanha, seria novamente crucificado pelos padres, como um faccioso, um homem sutil, que sob a sedução da modéstia e da caridade, projetaria a ruína do Evangelho e do Estado; de fato, esse legislador golpeou o Império Romano. O reino da virtude, da paciência, da pobreza deveria abater o orgulho da monarquia retificando os costumes.

Observemos o espírito da religião do Cristo nos diferentes Estados da Europa, desde que a Igreja dissolveu o império de Roma, do qual todos eles parecem apenas destroços; as regiões onde o Evangelho permaneceu puro tornaram-se republicanas; é por isso que a Itália, que foi o centro da legislação, cobriu-se de repúblicas, e é por isso que os povos exigentes retomaram sua liberdade.

O cristianismo fez pouco progresso no Oriente, na Ásia, na África e em todos os outros países na medida em que a natureza do clima contrariava o espírito da liberdade e tendia para a monarquia. Os povos que vivem livres simplificarão muito mais a moral do que os povos soberbos que se orgulham sob o jugo de um só; entre os primeiros, o sacerdócio não terá fausto, mas será rígido observador de seus deveres, os dogmas serão simples e os ritos modestos; entre os segundos, o padre participará do governo e fará dobrarem-se todos os princípios da modéstia aos da política; os dogmas serão sutis, tirânicos, os ritos misteriosos.

A Espanha será o último povo da Europa que conquistará sua liberdade, porque colocou também mais orgulho em sua religião; pelo mesmo motivo a Inglaterra devia abalar a tirania mais cedo ou mais facilmente do que as outras regiões, porque o clima era pouco propício à superstição e à jactância dos padres.

Disseram que o cristianismo não era propício ao estado social; os que o afirmaram confundiam o Evangelho com o comentário dos padres. O desprezo pelas coisas do mundo, o perdão das injúrias, a indiferença pela escravidão ou pela liberdade, a submissão ao jugo dos homens, sob pretexto de que é o braço de Deus que o faz pesado, nada disso é o Evangelho, mas seu disfarce teocrático. O Evangelho só quis formar o homem e não se envolveu com o cidadão, e suas virtudes, que a escravidão tornou políticas, são apenas virtudes privadas.

Que seja necessário obedecer aos poderosos não significa que se queira dizer que seja preciso obedecer aos tiranos, mas às leis decretadas pelos soberanos; que seja necessário perdoar o mal, não quer dizer que se deva ser indiferente à pátria e perdoar os inimigos que a devastam; é preciso perdoar a nossos irmãos tudo o que nos atinge de modo pessoal, mas não tudo o que atinge as leis do contrato: estender até aí os princípios da caridade é fazer do homem um animal, a fim de subjugá-lo em nome de Deus.

O Evangelho é a vida civil entre as mãos dos tiranos, é somente a vida doméstica no estado de liberdade, e é a vida doméstica que é o princípio da virtude. Da mesma forma que na escravidão, a religião está acima dos padres, porque eles pretendem representar a soberania do mundo; na república ela reina acima deles, já que os fins justificam os meios e que a soberania divina é então, não representada, mas figurada pela soberania da nação que é um todo.

Inutilmente são atacados os pontífices hebreus, os vigários de Jesus Cristo e seus poderes, nada justifica os tiranos, e a soberania das nações é tão imprescritível quanto a do Ser supremo, embora a tenham usurpado.

Eu havia falado do culto, do sacerdócio, tive de falar da religião; quando disser em algum momento deste livro que o trono e o altar são inabaláveis enquanto tiverem unidos, só falarei do Estado teocrático e não da República. É aí que direi se uma congregação religiosa poderia ter tomado o lugar de soberano e aspirar à posse do domínio.

Deixo ao leitor o cuidado de aplicar esses princípios à religião católica, apostólica e romana dos franceses.

CAPÍTULO XIX

DA RELIGIÃO DO SACERDÓCIO

Os antigos não tinham leis religiosas, o culto era supersticioso ou político. A Grécia viu apenas um traço de fanatismo, embora fosse uma astúcia de Felipe, quando ele levou os de Tebas e de Tessália contra os fócios, para vingar o pretenso desprezo de Apolo.

Os primeiros romanos, os primeiros gregos, os primeiros egípcios foram cristãos. Tinham costumes e caridade: eis aí o cristianismo. O que se chamou cristãos a partir de Constantino foram, na maioria, apenas selvagens ou loucos.

O fanatismo nasceu da dominação dos padres europeus. Um povo que dominou sua superstição contribuiu muito para sua liberdade; entretanto, deve evitar alterar a moral; ela é a lei fundamental da virtude.

A França não demoliu sua Igreja, mas tornou a polir suas pedras. Tomou o pulso das paixões públicas, e só retirou aquilo que caía por si mesmo. Os escrúpulos canônicos dos bispos continuaram parecendo, e realmente eram, apenas sofismas, porque as convenções tinham mudado e porque eles se apoiavam em formas em vez de máximas.

Foi prescrito um juramento que tornou civil o sacerdócio, mas procedeu-se muito bem quando se ligou à recusa de prestá-lo o castigo da perda do temporal; com isso o fanático ficou reduzido a viver de raízes ou a revelar um coração avaro. O ministério eclesiástico tornou-se eletivo; se tivesse sido um favor, o que nascesse da bajulação teria abafado a verdade.

Assim caiu essa terrível teocracia que havia bebido tanto sangue. Assim Deus e a verdade foram libertados do jugo de seus padres.

CAPÍTULO XX

DAS INOVAÇÕES DO CULTO ENTRE OS FRANCESES

Qualquer que seja a veneração que a fé de nossos pais mereça de nossa parte, qualquer que seja a grandeza infinita de Deus e o mérito de sua Igreja, a terra pertence aos braços dos homens e os padres às leis do mundo, no espírito da verdade. Essa verdade vem de Deus eterno; é a harmonia inteligente; só pode ser ferida por aquilo que é mau em si mesmo, e não por aquilo que é mau em relação a uma vontade anterior.

As leis da França não alteraram nem a ordem, nem a missão dos padres, nem o culto, nem a moral; nada mudaram na harmonia inteligente possível, mudaram apenas o modo que concorre para o mesmo desígnio.

O mesmo acontece com todas as outras leis que podem ser revogadas quando daí resulta um bem, e quando, pela revolução dos tempos, deixaram de contribuir para a ordem moral. Nada é sagrado a não ser o que é bom; o que deixou de sê-lo não é mais sagrado: só a verdade é absoluta.

Deus deu más leis aos hebreus; essas leis eram relativas, e só eram invioláveis enquanto os judeus fossem maus; tornavam-se um bem em relação aos ingratos, teriam sido um mal em relação aos santos; todo caminho que conduz à ordem é puro; todo caminho que não se afasta da sabedoria é puro, e leva a Deus.

Quanto é humana a linguagem desses piedosos cegos que procuram Deus fora da própria harmonia, que o tornam o princípio de uma desordem absoluta. Deus não confunde os tempos nem os homens; sua soberania modifica seus conselhos, ela é imperturbável através das revoluções, e manifesta-se sempre.

A Assembleia Nacional recusou-se a declarar a religião católica como a religião do Estado e fez bem; era uma lei de fanatismo que teria posto tudo a perder; peço, porém, que se examine com quanta sabedoria a lei estabeleceu-se por si mesma; a religião católica abarca sozinha o sacerdócio público e o episcopado; a lei dá aos protestantes a qualidade civil de eleitor, para nomear aos cargos eclesiásticos, confunde sua crença em vez de alterar a nossa.

CAPÍTULO XXI

DOS MONGES

Uma das causas que impedirão a liberdade de penetrar nas Índias é o número enorme dos Brâmanes; são os ritos que subjugam a maior parte desses pobres povos. O terror tiranizou muito a Europa. Os danos da ignorância, após o baixo império, foram inacreditáveis; deve-se acusar por esse fato a tirania dos monges, e sua vida estúpida; essa instituição provinda do pavor dos dogmas abalou todas as leis e criou virtudes estoicas inúteis ao mundo. A vida celeste que se levou sobre a terra fazia nascer pouco a pouco o fanatismo que dilacerou a partir daí a monarquia.

Viram-se menos guerras de religião nas regiões da Europa, na medida em que o prestígio dos monges era aí menos santo e menos reverenciado. As virtudes violentas tornam os costumes atrozes.

Os bens prodigiosos, que o estado monástico havia acumulado, depunham mais contra ele próprio do que em favor das almas piedosas que os tinham estabelecido.

Os que propunham, na Assembleia Nacional, da parte do clero, o resgate de sua primeira existência, ou queriam derrubar a Constituição ou não a conheciam.

CAPÍTULO XXII

DO JURAMENTO

Aquele que é prestado na França é o vínculo do contrato político; é, para o povo, um ato de consentimento e de obediência; no corpo legislativo, a garantia da disciplina; no monarca, o respeito da liberdade; assim, a religião é o princípio do governo; dir-se-á que ela está estranhamente enfraquecida entre nós; admito isso, mas acrescento que a vergonha do perjúrio permanece ainda onde a piedade não existe mais e que, após a perda da religião, um povo conserva ainda o respeito de si mesmo, que o traz de volta a ela, se suas leis conseguirem restabelecer seus costumes.

CAPÍTULO XXIII

DA FEDERAÇÃO

A primeira federação de toda a França teve um caráter particular que as assembleias ulteriores não terão. Embora, à primeira vista, ela pareça um estímulo admirável para fortificar o espírito público, era o efeito das intrigas de alguns homens que queriam propagar sua popularidade; isso não era ignorado, e assim só a aceitaram com repugnância; ela era boa, mas a sua hora ainda não havia chegado; não se podia, entretanto, rejeitar então o que tinha uma aparência de patriotismo. A Assembleia Nacional não viu sem inquietude uma delegação inumerável rodeá-la; ela devia ser formada por espíritos agitados; os preconceitos, os descontentamentos, as inimizades e o ciúme particulares das províncias iam invadir a capital; ia-se ver de perto um corpo político, mas cheio de ilusão; talvez, como as facções eram populares, tudo devia fluir em plena liberdade, mas podia acontecer, como muitos o esperavam, que a presença do monarca não tocasse os corações de compaixão; a intriga o fez desempenhar o papel de um grande rei. Coberto pelos restos ignominiosos de sua glória passada, mostravam ternamente o delfim ao povo, como o infeliz resto do sangue de tantos reis: esse espetáculo enternecedor atraía por toda parte os olhares. Não se viram em Paris mais que cinco pessoas.

Aqueles que sugeriram a ideia de uma federação tinham achado o último meio de mudar a face das coisas e de confundir a liberdade; atacaram-no com suas próprias armas; tudo era amor, igualdade e, entretanto, tudo interessava para os reis. É um maravilhoso meio de atacar os homens, armar-se contra eles com suas fraquezas ou com suas virtudes. Foi em vão, amaram o rei sem lamentá-lo.

Como o enganavam facilmente, deixavam-no falar uma linguagem afetuosa que lhe agradava, mas cuja ingenuidade não deixava transparecer a habilidade.

Não se pode imaginar nada de mais terno do que o que ele respondeu aos deputados: "Repeti a nossos concidadãos que eu teria gostado de lhes falar a todos como vos falo aqui; repeti a eles que seu rei é pai, seu irmão, seu amigo, que ele só pode ser feliz com a felicidades deles, grande com sua glória, poderoso com sua liberdade, rico com sua prosperidade e sofrendo apenas com seus males; fazei sobretudo entender as palavras ou antes os sentimentos de meu coração, nas humildes choupanas e nos redutos dos desafortunados; dizei-lhes que como não posso me transportar convosco até o seu abrigo, quero estar ali com o meu afeto e com as leis protetoras do fraco, velar por eles, viver para eles, morrer, se necessário for, por eles. Dizei enfim às diferentes províncias de meu reino que, quanto antes as circunstâncias me permitirem cumprir o desejo que manifestei de visitá-las com minha família, mais cedo meu coração ficará contente". Já que o coração dos franceses não entendia essa linguagem, nada mais havia a fazer, desejava-se inspirar piedade, só se inspirou amor.

Durante essa arriscada cerimônia, a Assembleia Nacional não ostentou nem enfraqueceu sua segurança; falou sobre o comércio e as colônias; sua conduta foi grave e firme; só pediu à França o juramento cívico, e considerou-a desobrigada dos gritos de alegria que se desvanecem.

Essa federação tão engenhosamente imaginada para disfarçar o espírito público foi a marca que o eternizou. O exército partiu descontente com aqueles que o tinham adulado, e cheio de estima pela Assembleia Nacional que tinha visto.

Se a triste glória da monarquia puder perecer na França, dever-se-á muito a igualdade às assembleias federativas; elas abalarão um pouco a força do estado político, se ele perder sua popularidade; mas queira Deus que sejam evitadas discórdias civis e que se possa por muito tempo conservar o amor pela paz entre os peritos militares.

REFLEXÃO SOBRE O ESTADO CIVIL

Toda pretensão dos direitos da natureza que ofende a liberdade é um mal; todo uso de liberdade que ofende a natureza é um desvario.

QUARTA PARTE

Do Estado Político

CAPÍTULO I

DA INDEPENDÊNCIA E DA LIBERDADE

Quero saber o que é a independência do homem no estado natural, o que é a sua liberdade na civilização. Na lei da natureza o homem só se torna dependente quando começa a civilizar-se sem princípios e, na civilização, o homem só é escravo quando prefere o prazer e a felicidade à sua conservação.

O coração humano caminha da natureza para a violência, da violência para a moral; não se deve acreditar que o homem tenha procurado primeiramente oprimir-se; o espírito distingue ainda uma longa alteração entre a simplicidade primitiva e a ideia de conquista e de conservação.

Posto isso, acha-se que a liberdade é uma corrupção da independência, e que ela só agrada na medida em que reconduz à simplicidade pela força da virtude.

De outra maneira, a liberdade é apenas a arte do orgulho humano, e, infelizmente, é nesse sentido que Rousseau de Genebra, por mais sublime que seja, sempre falou.

Examinemos se a civilização da França deu um passo em direção à natureza; não, ela o fez em direção à felicidade. No estado natural, o homem não tem direito, porque é independente.

Essa linguagem é provavelmente estranha e ainda mais na medida em que parece expulsar o homem para as florestas; mas é necessário tudo aprender em sua origem para não mais errar depois, e é somente pelo conhecimento exato da natureza que se pode dominá-la com mais artifício.

No estado natural a moral se limita a dois pontos, a alimentação e o repouso. No sistema social deve-se acrescentar a conservação, já que o princípio dessa conservação para a maior parte dos povos é a conquista.

Ora, para que um Estado se conserve, ele tem necessidade de uma força comum, é essa força que é o soberano; para que essa soberania se conserve, ela tem necessidade de leis que regulem suas relações infinitas; para que essas leis se conservem, é preciso que a sociedade tenha costumes e atividade; ou a queda do soberano está próxima.

As leis francesas são boas pelo fato de fazerem a civilização ganhar e o soberano gastar. As magistraturas, as repartições civis, religiosas, o militar, são pagos pelo tesouro público; é apenas nesse sentido que essa multidão enorme de assalariados serve para alguma coisa. Pouco importa que o magistrado faça a justiça, que o soldado vigie; um povo sensato não tem necessidade nem de justiça nem de soldado.

Montesquieu diz muito bem, que *uma sociedade corrompida deve entretanto conservar-se*, mas deve também procurar tornar-se melhor, já que, de outra maneira, não se conservaria e só faria adiar o golpe final. Além disso, embora a França tenha estabelecido juízes e exércitos, deve agir de modo que o povo seja justo e corajoso. Todas essas instituições segundas não substituem a virtude original, mas, pelos impostos rigorosos de que elas necessitam, impedem que o povo seja corrompido pela opulência, e se considere independente do contrato.

Quando Rousseau diz que considera as corveias menos funestas à liberdade do que os impostos, não atenta ao fato de que umas debilitam a alma e os outros normalmente só debilitam os prazeres; o homem livre prefere a pobreza à humilhação.

CAPÍTULO II

DO POVO E DO PRÍNCIPE NA FRANÇA

Se o povo francês não for cioso do príncipe, a liberdade perecerá; se o povo for invejoso do príncipe, a própria Constituição perecerá.

Montesquieu diz algures: "O povo romano disputava ao senado todos os ramos do poder legislativo, porque era cioso de sua liberdade, e não lhe disputava os ramos do poder executivo, porque era cioso de sua glória". O senhor Bossuet, bispo de Meaux, diz quase a mesma coisa em sua admirável ***História Universal***; mas isso não é a própria verdade.

De fato, o povo Romano, tão assalariado, tão hábil, tão rápido na execução dos negócios públicos ou privados, era, entretanto, apenas uma canalha incapaz de agir para sua glória; esse exército que jurou vencer e não morrer, e sem citar esses exemplos de que a história está repleta, a sabedoria que lhe atribuem de ter sabido avaliar a prudência do senado, não indica que ele a possuísse e que ele próprio raciocinasse; por que pois esse amor pela soberania, essa indiferença pela execução? É que o povo, longe de julgar-se inferior ao senado, conhecia sua verdadeira dignidade; quando cobiçou os privilégios, e a manipulação do tesouro da república, apoderou-se da execução e perdeu sua soberania que os tiranos apreenderam.

A justiça nos é feita em nome do príncipe; era exercida em Roma em nome do povo; mas como o príncipe não é soberano, é uma lei de simplificação; não é menos verdade que esse atributo do príncipe coloca em suas mãos a liberdade civil que só depende essencialmente do soberano; é preciso que os romanos tenham feito um ótico conceito desse direito de exercer a justiça, já que os processos eram despachados em praça pública, e que só se podia decretar a sentença de morte de um cidadão nos grandes Estados. Era preciso uma lei, diz Montesquieu, *para impor uma pena capital*: a lei pressupõe uma vontade soberana; a pena de morte pertencia pois ao soberano, que nunca abusou dele, porque sentia sua importância e sua atrocidade. Entre nós um tribunal pronuncia a pena civil ou capital. Oh! entranhas da natureza, nós não Vos conhecemos mais, nossas funções públicas não são mais do que ofícios vis e soberbos; em Roma, eram frequentemente comissões especiais; nomeava-se um perito competente para julgar um crime ou certos casos; feita a instrução, ele não era mais nada; o povo romano não era mais escravo do governo; entre nós, todo oficial é um tirano.

Ficamos surpresos quando refletimos sobre a opinião pública dos povos; as ideias mais sadias se alteram; não sei o que poderia responder-me o mais independente dos homens de hoje, a quem eu pedisse satisfação de sua liberdade.

Estou ávido para saber que direito civil a França receberá um dia, que seja próprio da natureza de sua liberdade.

Toda lei política que não se fundamenta na natureza é má; toda lei civil que não se fundamenta na lei política é má.

A Assembleia Nacional cometeu alguns erros: a estupidez pública o quis.

CAPÍTULO III

DA LEI SÁLICA

Marculfe chamava ímpia a lei que excluía as mulheres da sucessão dos feudos. Isso teria sido bom se os próprios feudos não tivessem sido uma espantosa impiedade. Dizem que se os francos confundiam a lei sálica que tinham colhido na Germânia, e que tornavam tirânica, entre eles, uma lei sábia entre os germanos e entre os godos, o espírito da lei sálica estava perdido. O mesmo abuso dessa lei que ligou o trono à linha masculina, e erigiu em feudo a coroa, foi também a origem dos outros feudos e da servidão. O rei serviu-se do povo como se fosse um bem hereditário, e o senhor, dos seus vassalos, como se fossem animais de sua gleba.

O espírito da lei sálica dos germanos era na verdade a economia, como judiciosamente observou um grande homem, mas muito mais ainda um selvagem amor pela terra natal que eles tão bem sabiam defender e que não queriam confiar à fraqueza e à instabilidade das moças que mudam de leito, de família e de nome. Aliás, elas encontravam na casa de um outro o que perdiam na sua, já que eram aceitas sem dote. Não se trata aqui da sucessão colateral; entre os germanos, as moças eram preferidas porque colocavam um homem na casa sálica.

Vimos que destruição fez na França essa lei de liberdade disfarçada, como desnaturou tudo, fez um povo de animais, cobriu a França de fortes e de celerados, tornou a religião hipócrita e fez temíveis casas que passavam a vida a perder o sangue de seus vassalos. Vimos como essa lei oprimiu o reino, até a época em que, por um rasgo de sorte que o próprio mal produz, colocou sobre o trono Henrique IV, que acalmou um pouco a tempestade. A lei sálica, desde esse grande homem, feito para a liberdade, degenerou em lei puramente civil, e finalmente em simples alódio como outrora.

A lei que fixa a coroa da França na casa reinante, pela linhagem masculina, com exclusão das mulheres, fez voltar a lei sálica, em relação ao trono unicamente, ao sentido dos germanos; não é a terra que pertence ao homem, é o homem que pertence livremente à terra. Está no espírito dessa lei que os ramos da casa dos Bourbons atualmente reinantes na Europa não tenham nenhum direito sobre a coroa, pois, como disse, ela não pertence aos Bourbons.

Seria igualmente insensato que um povo livre passasse para a mão dos estrangeiros ou das mulheres; uns odiariam a constituição, as outras seriam mais amadas do que a liberdade.

A lei que exclui os estrangeiros é favorável ao direito internacional; a extinção da linhagem reinante inflamaria toda a Europa.

A lei dos germanos assemelha-se muito à de Licurgo que ordenava que as moças se casassem sem dote, mas elas se assemelham apenas aparentemente. A lei de Licurgo provinha da pobreza e de certos costumes da Lacedemônia; a dos germanos derivava da simplicidade; nem uma nem outra dessas leis convém à França: uma faz apenas guerreiros, a outra soldados, e todas duas juntas, tiranos.

Os bárbaros, que disso só tinham o nome, instituíram o recrutamento para atenuar a lei sálica; após a conquista a constituição mudou, a lei sálica se corrompeu. As razões políticas que ligavam o filho do sexo masculino à gleba, não existem no estado político da França; não acontece o mesmo com a coroa: a terra, no estado civil, é a propriedade dos súditos, mas um povo não pode pertencer a ninguém, salvo a si mesmo; pode escolher um chefe, mas não um senhor, e o contrato que comprometesse sua liberdade ou sua propriedade seria rompido pela natureza.

O monarca, na França, pertence à pátria, essa lei é preciosa para a liberdade; ele pode renunciar à coroa, ela é uma dignidade e não um caráter.

CAPÍTULO IV

DO CORPO LEGISLATIVO, EM SUAS RELAÇÕES COM O ESTADO POLÍTICO

O corpo legislativo é semelhante à luz imóvel que distingue a forma de todas as coisas, e ao ar que as alimenta: de fato, ele mantém o equilíbrio e o espírito dos poderes, pela severa prescrição das leis.

Ele é o ponto para o qual tudo converge; é a alma da constituição, como a monarquia é a morte do governo.

Ele é próprio da liberdade. Que o corpo legislativo delibere sobre os acidentes públicos, que nenhuma lei possa ser restringida ou ampliada, nenhum movimento possa ser dado ou recebido, se não emanar da legislação.

O uso dos comitês de consulta é excelente para conservar as leis, mas deve-se talvez temer que eles se tornem um dia oráculos semelhantes aos antigos, que diziam tudo o que se queria que dissessem.

O juiz ou o homem público que corrompe as leis é mais culpado para a constituição do que o parricida ou o envenenador que as ofende; ele deve ser banido e severamente punido.

Falarei alhures sobre o que se refere ao direito de fazer a paz e a guerra.

CAPÍTULO V

DOS TRIBUNAIS, DOS JUÍZES, DA APELAÇÃO E DA RECUSA

Ficamos surpresos quando examinamos quanto a apelação é favorável ao despotismo, e quanto as recusas o são à liberdade.

A apelação leva de malogro em malogro os interesses dos súditos até as mãos dos tiranos; lá não aportam a razão, a humanidade; lá tudo é injustiça porque tudo é favor.

O inextricável labirinto dos diplomas mantém todo o Estado dividido, e o despotismo é assediado por aduladores, que corrompem a própria corrupção.

Os tribunais de apelação constituem outros tantos colossos que ameaçam o povo, e que ele tem necessidade de adorar. Não é mais a lei que é invocada, é o juiz inevitável que vende, se lhe parecer conveniente, seus interesses; é por isso que ouvis falar, na tirania, somente de proteções e de presentes, que corroem todos os princípios da liberdade.

A apelação absoluta aos tribunais diretos é a morte das leis, é a liberdade dos escravos, mas eles acham por toda parte os homens no lugar das leis; a recusa ou a apelação aos tribunais indiretos é a recusa dos homens para procurar as leis.

Os novos tribunais da França romperam as maiores forças da tirania, substituindo as justiças irascíveis do senhores, por jurisdições de paz das quais só o nome já alivia a ideia dos primeiros: a competência delas é limitada à natureza dos interesses do pobre, que pode também recusá-las em certos casos. Um tribunal de pais nomeia tutores para a inocência; os segredos e a vergonha das famílias são abafadas em seu seio, e a virtude política do estado é mais respeitada; acima das jurisdições de paz, elevam-se as dos distritos, cujo poder é mais extenso, mas atingido por recusas e por inúmeras apelações relativas, que deixam aos partidos o direito de procurar a justiça nos tribunais de vários departamentos, e, algumas vezes, em todos os do reino segundo sua preferência; é o *committimus* da liberdade.

As recusas são ainda um remédio violento contra a injustiça, e como as melhores leis são ainda más, ali onde os homens podem ser bons, as conciliações a que devem se submeter para ter o direito de intentar demanda são excelentes instituições. O ganho dos processos corrompe a virtude de um povo livre.

As conciliações jurídicas têm talvez rigores: o respeito humano, a ignorância, a desproporção dos meios podem ainda seduzir e enganar: tendes o caminho livre dos arbítrios: só resta uma lei, a verdade.

CAPÍTULO VI

ATRIBUIÇÕES DIVERSAS

Em uma constituição onde todo aquele que governa é mandatário do povo, onde as graduações emanam e são mandatárias umas das outras, a quem pertence o poder de julgar sobre a regularidade com a qual é exercido o direito de soberania?

Eis até onde nos conduz constantemente a corrupção do caráter público; é preciso em toda parte que o povo e a lei vigiem armados, para impedir que um atente contra o outro.

Será a administração que decidirá o contencioso das assembleias do povo? Será o corpo judiciário? Se quiserem acreditar em mim, não será "nem um nem o outro", salvo se aqueles que exercerem esses poderes, enquanto os exercerem, renunciarem ao direito de soberania.

Não preciso dizer a razão disso; observarei somente que todo aquele que é empregado do governo renuncia ao ato de soberania.

Entretanto, em um povo que tem necessidade de força correpressiva que tribunal terá competência para julgar a má fé dos velhacos nas assembleias? Se o escrutínio tiver sido violado, se a astúcia tiver escamoteado os sufrágios, se acontecer enfim tudo o que pode a faculdade de abusar mesmo daquilo que é bom, que tribunal terá competência para julgar esses delitos? Esses delitos! Eu sabia realmente que chegaria aí; serão pois delitos, então eles devem ser, não oficialmente, mas por um ato de soberania, perseguidos contraditoriamente pela parte ofendida diante dos tribunais que têm competência para julgar os delitos.

Se a causa fosse levada às administrações, todas as partes seriam condenadas por contumácia, e, frequentemente, os que as compõem se transformariam em juízes em causa própria. Entre nós, as administrações são muito numerosas, e consequentemente muito espalhadas; não as recusam, não se defendem diante delas, e se concedeis o direito de julgar essas dificuldades, então elas exercem automaticamente a soberania arbitária: se levardes essas dificuldades diante dos tribunais, é o povo então que se queixa; a lei o julga conforme sua própria convenção.

Disseram que essas matérias eram um assunto de administração, porque a administração era árbitro da propriedade; mas é preciso distinguir a atribuição fiscal da atribuição política; é como se dissessem que o compasso será juiz moral do espírito do geômetra.

Disseram que os parlamentos, usurpando o poder político, tinham posto entre o povo e o trono uma barreira da qual somente eles tinham a chave; estávamos muito felizes com isso, sem o que o trono ter-nos-ia esmagado. Que se imagine a jurisdição dos parlamentos nas mãos do fisco, e pode-se imaginar qual teria sido nossa miséria. O poder judiciário é o nervo da liberdade, é de todas as forças políticas aquela que se corrompe e se desgasta menos, porque caminha a descoberto e caminha sempre.

Disseram que se os tribunais judiciários julgassem as assembleias do povo, seu poder seria exorbitante; enganaram-se; mas sua jurisdição seria somente mais extensa[1]; ora, não é a extensão de um poder que o torna tirânico, são os princípios segundo os quais ele age.

De todos os poderes do Estado, este é o menos perigoso, não que seja fraco, mas porque é o mais regulado e o mais passivo.

Que outro será mais responsável pela minha soberania, do que aquele que tornei responsável pela minha fortuna e pela minha vida!

Mais uma vez, é preciso dar aos oficiais públicos apenas aquilo de que o povo é incapaz: toda espécie de poder que se retira ao povo assemelha-se às sangrias com as quais nos enfraquecem. Coloco este princípio geral e absoluto: em toda parte em que o povo é atingido deve falar e explicar-se ele próprio; se falarmos por ele, ou não falaremos, ou falaremos mal.

Se o próprio povo falar, deixai-lhe seus tribunais; se pretendeis sempre ser seus mandatários e representá-lo em toda parte, é um infeliz fantasma que repelis com muito respeito, e sois tiranos cheios de habilidade, que o despojais e não lhe deixais mais que a sua sombra.

---

1. Algumas vezes são apenas os termos que nos espantam.

Não quero que me tireis minhas armas para me defender, não quero assemelhar-me a esses príncipes fracos, diante dos quais marchava a águia romana, e que carregavam um fuso.

Uma última reflexão me faz dizer que muitos erros ocorreram pelo fato de os oficiais públicos se acreditarem mandatários do povo e depositários de seu poder; não, eles não o são.

Como os direitos dos povos são incomunicáveis, as funções do ministério público não são mandatos do soberano, mas atos de sua convenção.

Como a delegação que o povo faria de seus direitos agiria apenas contra ele mesmo, e como não há caso em que o povo deva agir contra si mesmo, é preciso pois chamar o ministério das leis públicas de mandato do poder executivo, que é ele próprio um mandato do pacto social.

Uma administração se dizia *mandatária de cada indivíduo de seu departamento*. Ela esquecia ou ignorava seus princípios: com isso a constituição logo degenerou em pura aristocracia.

Não, o povo francês não é representado somente por seus oficiais, sua vontade reside no corpo legislativo.

CAPÍTULO VII

DO MINISTÉRIO PÚBLICO

Nos países em que os mortais reinam no lugar das leis, o ministério público acusa os homens; onde as leis reinam sozinhas, o ministério público acusa somente os crimes.

A França instituiu uma censura protetora das leis e do povo contra os magistrados, e dos magistrados contra si próprios. Ela não pode acusar, mas depura as acusações, não pode julgar, mas verifica os julgamentos e protege o fraco e o inocente contra o abuso das leis.

O ministério público perseguiu outrora automaticamente os delitos; qualquer que fosse a vantagem dessa instituição, era tirânica. As leis apavoravam os homens, e o governo mostrava-se em toda parte seu terrível inimigo.

Em um governo severo, as leis são violadas pelo magistrado; em um governo fraco, elas o são pelo povo. Quando as leis reinam sozinhas com vigor, o governo não é nem fraco nem severo.

CAPÍTULO VIII

DA SOCIEDADE E DAS LEIS

As leis não são convenções, a sociedade o é: as leis são as relações possíveis da natureza dessa convenção; assim, aquele que comete um crime não ofende a sociedade, que é somente uma reunião de indivíduos que não têm nenhum direito sobre a liberdade e a vida do culpado, o qual está ligado por uma simples convenção; mas ele ofende as leis alterando contrato.

Quero dizer que a sociedade da qual a moderação e a brandura são a alma, não pode ser juiz dos delitos, pois então seria uma tirania e as leis seus carrascos.

Assim, onde os crimes forem apresentados à sociedade, as penas devem ser pavorosas para que cada indivíduo seja vingado e amedrontado: onde os crimes forem citados nas leis, a sociedade permanece tranquila, e a lei impassível humilha ou perdoa.

CAPÍTULO IX

DA FORÇA REPRESSIVA CIVIL

Infeliz do governo que desconfia dos homens; tenho a alma aflita quando um satélite passa e me considera: ó céu, ó natureza, exclama meu coração, quem pôde pois me subjugar assim, e por que a desconfiança me acompanha passo a passo? Povo virtuoso e digno da liberdade, rompei toda força particular que é uma independência do soberano. Quem responderá pela vossa vida e pelo vosso bem, dir-me-ão? O que vos importa uma força da qual vós nunca sentireis o império e que é apenas para os malvados? Vai embora, covarde, para Constantinopla, vai viver no meio de um povo que a natureza de suas leis torna celerado, onde o cetro é uma força; não consinto em submeter-me a nenhuma lei que me suponha ingrato e corrompido.

Por mais respeito que me imponha a autoridade de J.-J. Rousseau, não te perdoo, ó grande homem, por teres justificado a pena de morte; se o povo não puder transmitir o direito de soberania, como transmitirá os direitos sobre sua vida? Antes de aceitar a morte é preciso que o contrato permita alteração, já que o crime é simplesmente uma consequência dessa alteração; ora, como o contrato chega a corromper-se? É pelo abuso das leis que deixam as paixões despertarem, e abrem a porta à escravidão. Protegei-vos contra a corrupção das leis; se vos protegerdes contra o crime, tomais o fato pelo direito; não repetirei o que disse falando dos suplícios. Não sei se essas verdades são sensíveis sob minha pena como sinto eu próprio, mas na minha opinião toda força repressiva, sendo apenas um dique contra a corrupção, não pode ser uma lei social, já que o momento em que o contrato social é alterado, torna-se nulo, e então o povo deve reunir-se e estabelecer um novo contrato que o regenere.

O tratado social, diz Rousseau, tem por finalidade a conservação dos contratantes; ora, conservam-se pela virtude e não pela força; parece-me ver um infeliz que matam para curá-lo.

Observai que quando um povo emprega a força civil, só são punidos os crimes desastrados, e a corda só serve para aperfeiçoar os velhacos; Rousseau, tu te enganaste; é, dizes, para não ser vítima de um assassino que consentes em morrer se te tornares um, mas não deves consentir em tornar-se assassino, mas violas a natureza e a inviolabilidade do contrato, e a dúvida do crime já supõe que te será possível ousares cometê-lo. Quando o crime se multiplica, são necessárias outras leis; a coerção apenas o fortifica, e como todos desafiam o pacto, a própria força é corrompida; não existe mais juiz íntegro, o povo que é governado pela violência provavelmente mereceu isso. Só vejo na França soldados, tribunais, sentinelas; onde estão, pois, os homens livres?

CAPÍTULO X

DA NATUREZA DOS CRIMES

Entre os déspotas, a disciplina é o freio da escravidão, a pena é terrível; nos governos humanos ela é o freio da liberdade, a pena é suave e sensível.

Todos os crimes vieram da tirania, que foi o primeiro de todos. Os selvagens, em quem a natureza refugiou-se, têm poucos castigos porque têm pouco interesse.

O otawa que quebra sua arma na caça, entra em uma cabana, e pede uma outra, que lhe dão antes de tudo; o que matou dois castores oferece um ao que não tem. Os selvagens estão familiarizados com o pudor, pela simplicidade de sua natureza; só têm uma virtude política, é a guerra. Seus prazeres não são paixões, saboreiam as simplicidades da natureza; a dança é a expressão de sua alegria inocente e a pintura de suas afeições; se algumas vezes são cruéis, é um passo para a civilização.

Perdoem-me essas reflexões sobre os selvagens; países felizes, vós estais longe de meus olhos e perto de meu coração!

A disciplina foi simples entre os diferentes povos, conforme foram inteiramente livres ou inteiramente escravos, conforme tiveram muitos costumes ou não tiveram absolutamente; mas a diferença é que no despotismo é o julgamento que é simples, porque nele as leis são desprezadas e deseja-se punir, e na liberdade a pena é simples porque as leis são reverenciadas e deseja-se salvar.

Em um, tudo é delito, sacrilégio, rebelião: a inocência perde-se perplexa; na outra tudo é salvação, piedade, perdão.

Na escravidão, tudo fere o homem, porque a convenção não tem lei; na liberdade, tudo fere as leis, porque elas estão no lugar dos homens.

Quando disse que o crime só ofendia a lei, é pouco provável que eu tenha pretendido infringir os justos direitos da pátria ferida, que ao contrário não tenha considerado uma coisa sagrada: falei do crime em si próprio e não de seus efeitos. A reparação dos delitos é um princípio da lei, mas ela diz mais respeito ao ressarcimento do que à pena.

Acontece com os crimes o que acontece com as virtudes: os primeiros só devem ser perseguidos, as segundas, recompensadas na proporção de sua importância. Os crimes de opinião são quimeras que vêm dos costumes e são o erro das leis; os efeitos não retroagem; em vão havereis de corrigir os costumes, se não corrigirdes as leis.

A confissão pública ao céu é uma lei de fanatismo; a reparação da honra é uma lei de corrupção. Em todos os casos, o homem que blasfema só ofende sobre a terra a lei que defende; aquele que desonra alguém peca contra a lei que defende a impostura; se fosse de outro modo, os homens seriam impiedosos entre si.

As leis ocupam a posição de Deus, da natureza e do homem, mas não devem nada à opinião e devem tudo ceder à moral e curvarem-se também a ela.

Um tribunal para os crimes de lesa-nação é um desvario da liberdade, que só se pode suportar um momento, quando o entusiasmo e o desregramento de uma revolução se extinguiram; uma tal magistratura é um veneno tanto mais terrível quanto mais suave; em uma palavra, só se ofende a sociedade quando se corrompem as boas leis. Está claro que eu quis falar do Châtelet, que conservou por um momento o lugar da opinião; no começo, fez tremer os maus e, logo após, as pessoas de bem.

Não digo nada da lei marcial que foi remédio violento; acontece com essa lei o mesmo que acontece com o tribunal que citei, mas que se subsistir, deve ser como o templo de Jano, fechado em tempo de paz, aberto nos perigos.

CAPÍTULO XI

DOS SUPLÍCIOS E DA INFÂMIA

Quando a virtude é de tal modo a alma de uma Constituição, que forma o caráter nacional, que tudo é pátria e religião, não se conhece o mal e nem mesmo se desconfia do bem, assim como uma virgem ingênua de sua inocência; à medida que as leis caducam, recompensa-se o bem, pune-se o mal; o prêmio e a pena aumentam com a corrupção e logo chegam o suplício e os triunfos; a virtude tem o gosto doente, o vício é insensível.

O processo criminal dos ingleses é sensato, humano, sábio; suas leis penais são cruéis, injustas, ferozes. É possível que o primeiro passo que conduzira esse povo à verdade, não o tenha conduzido à moderação? Em verdade, salva-se desse modo o inocente, mas assassina-se o culpado.

Admira-se há muito tempo essa filosofia do espírito público inglês, que não atribui nenhuma vergonha aos suplícios. Não é do meu conhecimento que no Japão, em Cartago e entre os senhores feudais, a opinião tenha sido manchada por algo de tão atroz; é somente de sangue que necessitais! e por que tormentos se não forem exemplares? É o crime degolado; ele é expiado, direis, mas é em vão. Quando um estado for bastante infeliz para ter necessidade de violência, tem necessidade de infâmia; dir-se-ia que é sua honra. Se suprimirdes a infâmia, os tormentos são apenas crueldades jurídicas e estéreis para a opinião. O suplício é um crime político, e o julgamento que acarreta pena de morte, um parricídio das leis: o que é, pergunto eu, um governo que escarnece da corda, e que perdeu o pudor do cadafalso? E admiram semelhantes ferocidades! Quanto é bárbara a polidez europeia! O suplício não é uma coisa vergonhosa, respeitais pois o crime? O culpado morre, e morre inutilmente no furor e nos suores de uma pungente agonia; que indignidade! Assim se despreza a virtude como o vício, dizem aos homens: sede traidores, perjuros, celerados se quiserdes, não deveis recear a infâmia, mas temei o gládio e dizei a nossos filhos para temê-lo. É preciso dizer tudo, as leis que reinam através dos carrascos perecem pelo sangue e pela infâmia, pois, na verdade, é preciso que, enfim, recaiam sobre alguém.

A liberdade inglesa é violenta como o despotismo, parece que é a virtude do vício, e que combate contra a escravidão como uma desesperada; o combate será longo, mas ela própria matará.

A prova de que esses suplícios são indignos dos homens é que é impossível conceber os carrascos; por isso era preciso não desonrá-los, para que o tribunal não desonrasse.

É possível que se conceba a inconsequência humana; acreditar-se-ia que o homem tivesse sido colocado na sociedade para ser feliz e sensato? Não, acreditar-se-ia de preferência que, cansado do repouso e da sabedoria da natureza, ele quisesse ser miserável e insensato. Vejo apenas Constituições cheias de ouro, de orgulho e de sangue, e não vejo em parte alguma a terna humanidade, a equitável moderação, que deviam ser a base do tratado social; como tudo está ligado à sua moral boa, ou má, o esquecimento da verdade acarreta falsas máximas, esta acarreta tudo. Mas em vão quando se afastou da sabedoria quer-se nela entrar, os remédios serão mais terríveis que o mal; a probidade será o pavor, as leis perecerão sobre o cadafalso.

A lei francesa declara que os erros são pessoais; não é preciso portanto suplícios, pois eles se fazem acompanhar de infâmia, e a infâmia é partilhada.

A efígie que representa o suplício seria talvez a obra-prima das leis em um estado corrompido, mas infeliz do governo que não pode se privar da ideia das torturas e da infâmia; para que serve a efígie onde não há vergonha, por que castigos onde ela existe?

CAPÍTULO XII

DO PROCESSO CRIMINAL

Bem-aventurado o país do mundo em que as leis protetoras da inocência instruíssem contra o crime antes de pressupor seu autor até que o próprio crime o denunciasse, em que se instruísse o processo em seguida, não mais para achá-lo culpado, mas para achá-lo fraco, em que o acusado recusasse não somente vários juízes, mas várias testemunhas, em que ele próprio fizesse uma instrução criminal contra eles após a sentença, e contra a lei e contra a pena; e bem-aventurado mil vezes o país em que a pena fosse o perdão; o crime logo enrubesceria já que não pode empalidecer.

A França pediu em altos brados, à Assembleia Nacional, a reforma de seu processo criminal; começou pelo decreto que concede ao acusado um conselho, uma instrução pública e algumas recusas; era o suficiente para aquele momento, e sobretudo depois da tirania; o mal deve desaparecer com moderação, e é bom mudar os costumes antes das penas.

A árvore do crime é dura, a raiz é tenra; tomai os homens melhores do que são, e não os estranguleis.

CAPÍTULO XIII

DAS DETENÇÕES

Foi um tratado de sabedoria depois da tomada da Bastilha o decreto temível dirigido contra as detenções; censurava-se algumas vezes a Assembleia Nacional de deter-se sobre os detalhes; eles lançavam os fundamentos da Constituição e serviam o espírito público cheio de fraqueza. Deter a injustiça era inspirar a virtude.

CAPÍTULO XIV

DA LIBERDADE DE IMPRENSA

Ela tornou-se a do espírito humano e uma das forças da liberdade civil desvendando a opressão; essa descoberta fazia falta à franqueza da antiguidade; ela era mais ou menos substituída, na verdade, pelas arengas populares, mas havia ocasiões em que os arengadores ficavam mudos; por exemplo, quando os tiranos se tornavam absolutos. A calma e o espírito de nossas monarquias não pedem que se discorra em praça pública; isso quase só aconteceria em prementes perigos, como nos dias da tomada da Bastilha; nunca se percebeu tão bem como nessa época quanto o espírito, e muito mais ainda o coração humano, ardiam pela liberdade. Mas esses oradores que preparavam então a Constituição teriam transtornado o governo pacífico. As arengas devoravam as facções; as figuras, os movimentos eram ousados; as imagens dos salvadores da pátria e das leis eram estreitadas; voltada contra o inimigo comum, a eloquência exercia uma parte da soberania; mas foi somente nos mais belos dias de tão curta duração que a liberdade dos autores alimentou a virtude; quando o temor, a corrupção e o desgosto das grandes causas fizeram-nos calar, as leis se calaram logo; é por isso que vemos a decadência das repúblicas seguir a decadência das belas-letras.

A impressão não se cala, é uma voz impassível, eterna, que desmascara o ambicioso, despoja-o de seu artifício e entrega-o às meditações de todos os homens, é um olhar ardente que vê todos os crimes e pinta-os irreversivelmente; é uma arma da verdade como da impostura. Acontece isso com a imprensa como com o duelo, as leis que promulgassem contra ela seriam más, elas alcançariam o mal longe de sua origem.

Camille des Moulins, quaisquer que sejam o ardor e a paixão de seu estilo, só pode ser temido pelas pessoas que mereciam que se informasse contra elas; o orador, aliás estimável, que o denunciou, justificou o grito das tribunas, ele era amigo ou vítima daqueles que a censura apavorava.

Não se pode deixar de admirar a intrepidez de Loustalot, que não existe mais, e cuja pena vigorosa fez guerra à ambição, foi ele que dizia mais ou menos que se aborrecia com a celebridade de um desconhecido.

Marat teria sido um cita em Persépolis; sua perspicácia em procurar profundidade nas menores atitudes dos homens foi engenhosa; teve um espírito cheio de senso, mas demasiado inquieto.

Villain d'Aubigny, da seção das Tulherias, foi menos conhecido porque não escrevia, mas discursava com vigor.

Carra teve demasiado entusiasmo pela liberdade; não teve bastante sangue-frio contra a fleuma dos velhacos.

Mercier desenvolveu a coragem que o despotismo tinha perseguido, mas a leviandade de um jornal convinha pouco à altivez de seu caráter.

Danton foi mais admirável por sua firmeza do que por seus discursos cheios de força.

Não falo dos Lameth, dos Mirabeau, dos Robespierre, cuja energia, sabedoria e exemplo deram muita força às novas máximas.

Esses escritores e esses oradores estabeleceram uma censura que foi o despotismo da razão e quase sempre da verdade; as paredes falavam, as intrigas tornavam-se logo públicas, as virtudes eram interrogadas, os corações fundidos no cadinho.

CAPÍTULO XV

DO MONARCA E DO MINISTÉRIO

Uns acreditavam que ser livre era não mais ter intendentes, empregados, corveias, caças exclusivas; a isso se limitava o egoísmo dos escravos; outros, que só consultavam sua virtude e sua loucura, acreditaram que não era necessário nem reis nem ministros; era o delírio das pessoas de bem; mas que se imagine no que se teria transformado a liberdade se a aristocracia tivesse colocado no lugar dos ministros do poder executivo os comitês do poder legislativo, se em vez de serem escritórios passivos já temíveis, tivessem sido magistraturas.

A sabedoria não podia colocar uma barreira demasiado forte entre a legislatura e a execução; ela se fez notar sobretudo por esta lei, que não permite aos membros do corpo legislativo aspirar ao ministério senão depois de dois anos de interrupção, nem exercer nenhuma magistratura, nenhum ofício durante sua sessão. É preciso que homens se tenham imbuído da necessidade de seus princípios para ter voltado, contra si próprios, essa profunda disciplina. Confessemos ingenuamente, aqueles que os censuram não pensam em desenvolvê-los; como os superariam?

Retirai o ministério do Estado, vós lhe retirais os reis, a monarquia não existe mais; isso não significa que essa instituição política não tenha tido grandes abusos, mas não conservou mais do que um poder relativo. O legislador desgastou pouco a pouco suas leis arbitrárias. Estabeleceu-se a responsabilidade que não foi urgente nos primeiros tempos, porque se previu que ela tornaria o povo licencioso. A Constituição manteve-se frequentemente firme contra o povo, ou ele a teria violado. É admirável ver como a Assembleia

Nacional fechou o ouvido aos gritos da multidão que pedia ora as contas, ora a dispensa dos ministros.

CAPÍTULO XVI

DAS ADMINISTRAÇÕES

Os corpos administrativos deveram muito sua propriedade às felizes escolhas do povo, pois não tinham por eles próprios leis muito positivas; exerciam uma inquisição suprema sobre a harmonia política que fazia com que lhes apresentassem muitas matérias contenciosas que excediam a sua competência; decidiam arbitrariamente porque não tinham leis. O recurso de suas deliberações dirigia-se ao poder executivo, que pronunciava do mesmo modo; as deliberações eram instruídas uma pela outra, porque não havia investigações, e o ministério, indeciso entre o juiz e a parte, dava sempre razão à autoridade, da qual nada garantia a aplicação. Não havia competência direta entre os povos e os poderes superiores, de onde se concluía que suas queixas não chegavam nunca ao ouvido que queriam atingir. Quando uma administração era acusada por fatos de detalhe, devolviam-lhe a petição, e julgavam-na conforme sua opinião. As mais deploráveis infrações à austeridade dos princípios viam-se santificadas e os poderes fisicamente separados, mas confundidos de fato, uniam-se involuntariamente contra a liberdade.

Direi em geral que todos os caminhos devem estar abertos à liberdade daqueles que obedecem, e que não devem estar fechados à sabedoria daqueles que comandam. Todas as armas possíveis estão nas mãos do poder executivo, para oprimir o povo; este não tem leis, ou, melhor dizendo, tribunas para defendê-lo.

As leis que obstruem os canais por onde flui a liberdade, e mantêm abertos aqueles por onde circula o poder, unem os poderes e formam uma aristocracia executiva; em vão deseja-se separá-los uns dos outros, apenas se consegue separá-los do povo. Não é no governo que essa precisão é boa, é na própria Constituição; tudo deve agir e reagir conforme sua opinião sobre um fundamento inalterável: assim, no mundo físico, tudo segue uma lei positiva, uma ordem indissolúvel, tudo muda e se reproduz por sua causa estável, e não por acidentes particulares.

Se a administração circula inclusive entre os poderes, quem responderá pela liberdade? O infeliz irá gritar às portas do palácio das legislaturas; elas próprias não têm leis de pormenores e julgarão como os outros. Em matéria de aplicação os legisladores são sempre incompetentes, é o espírito da lei; ninguém pode ser atingido a não ser por uma lei anterior ao delito; aqueles que fazem leis são maus juízes. Uma boa lei vale mais que todos os homens; a paixão os impele, ou a fraqueza os contém; tudo enfraquece ou tudo se quebra a golpes precipitados.

CAPÍTULO XVII

DOS IMPOSTOS; COMO ELES DEVEM SER RELATIVOS AOS PRINCÍPIOS DA CONSTITUIÇÃO

Só o comércio pode hoje fazer florescer um Estado livre, mas o luxo logo o envenenará; é, pois, necessário que os impostos pesem sobre o consumo e não sobre a atividade comercial; então ele será o doce fruto da liberdade quando pelo contrário era um alimento para o despotismo.

A liberdade do comércio decorre naturalmente da liberdade civil; um sábio governo deixa ao homem sua indústria e esmaga o luxo. A indústria é, como eu o disse, a fonte da igualdade política, fornece ao pobre a vida, o luxo e a contribuição.

Essa maneira de fixar o imposto sobre as superfluidades é uma lei suntuária que combina com a moral das novas máximas da França. Ela não tem a severidade das leis suntuárias republicanas nem a fraqueza das leis suntuárias da monarquia, é uma modificação de ambas.

O povo apega-se de tal modo à letra das coisas, que pagará com prazer um imposto por seus cavalos, seus criados, suas vidraças, suas equipagens, enquanto pagaria com pesar um tributo real.

Somos avaros com o que ganhamos, somos pródigos com o que compramos; é que o interesse faz a receita e a vaidade a despesa.

Os impostos devem seguir as revoluções dos gêneros alimentícios, aumentar e diminuir com eles; a razão é que se os gêneros forem caros, compra-se com mais dificuldade, mas compra-se sempre; se os gêneros forem muito baratos, consome-se mais, e esgotamo-nos se os gêneros voltarem a preços excessivamente altos.

Se quiserem tornar o imposto invariável, seria necessário arruinar as colônias ou a metrópole, ou regular os ventos.

O imposto, se quisermos examiná-la bem, é o leme do barco público; ao mesmo tempo em que fecunda o governo, influi sobre os costumes do estado civil, e mantém o equilíbrio no estado político dos dois mundos.

CAPÍTULO XVIII

REFLEXÃO ACERCA DA CONTRIBUIÇÃO PATRIÓTICA E ACERCA DE DOIS HOMENS CÉLEBRES

Ninguém conheceu melhor a fortuna e o povo do que o impenetrável Mirabeau. Veio a Aix como aquele ancião que se apresentou nu, com a clava na mão, no conselho de um rei da Macedônia; chegando à Assembleia Nacional, o senhor de Mirabeau mostrou sua intrepidez e justificou as queixas que fizera sob a tirania. Esse homem hábil prejudicou muito o senhor Necker, retirando da Assembleia Nacional o decreto que adotou a contribuição patriótica desse ministro; o senhor Necker envaidecia-se demasiado com sua popularidade; admiraram todo o bem que ele queria fazer, não lhe perdoaram aquele que fez, pois o fez mal. Esse ministro caiu, ninguém pareceu querer saber por que, é que ninguém ousava dizer que detestava seu imposto.

O senhor de Mirabeau conduziu-se em toda parte com justiça e perspicácia; conheceu sobretudo a arte delicada de driblar as calúnias e de dissimular sabiamente.

CAPÍTULO XIX

DOS TRIBUTOS E DA AGRICULTURA

O tributo sobre as terras, se não for invariável e leve, e se deixar de ter por objeto a representação determinada pelo território e a atividade regulada pela contribuição, é um absurdo moral. Se sobrecarregardes de impostos a agricultura, mãe dos costumes, desencorajareis o cultivador ou torná-lo-eis avaro. Não é o proprietário que leva o fardo, é o braço do lavrador e seu trabalho diário. Os arrendamentos vão a leilão, e a miséria os disputa ainda, como a fome disputa ossadas. É uma infâmia dizer que as terras livres de impostos e sujeitas ao simples tributo serão menos bem cultivadas, e que a preguiça recusará à gleba a seiva que dela teria tirado o imposto. Não é nunca a coragem que falta ao camponês, são braços; deixai--lhe seus filhos dos quais fazíeis maus soldados; deixai-lhe os bons habitantes dos campos mascarados de criados; que ele possa enriquecer por si mesmo e não por arrematantes de impostos; a virtude dele logo adubará suas terras, e não vereis mais pobres; a agricultura, transformada em fonte de abundância, será honrada como merece; o rico proprietário não parecerá mais singular, lavando seus campos e misturando seu suor ao suor de seus pais; o proprietário infeliz que arrasta nas cidades sua orgulhosa miséria, lavrará em volta de sua choupana, e aí achará um abrigo contra os impostos, contra a necessidade do celibato, a de se arruinar, e de se tornar um devedor insolvente.

CAPÍTULO XX

DAS RENDAS VITALÍCIAS

As rendas vitalícias são um abuso da tirania, se é possível dela se abusar; é com isso que é permitido servir-se de todos os meios para satisfazer um luxo que é a honra e se prevenir contra uma pobreza que é o opróbrio; onde tudo é violento, onde não há pátria não há entranhas nem prosperidade, perde-se todo sentimento da natureza porque nesse caso ela é um crime ou um ser de razão, e porque governa-se aí como em um mundo em que a desordem seria o princípio e a harmonia.

Ó liberdade, liberdade sagrada! Serias pouca coisa entre os homens, se só os tornasses felizes, mas tu os chamas à sua origem e os devolves à virtude.

CAPÍTULO XXI

DA ALIENAÇÃO DOS DOMÍNIOS PÚBLICOS

Se não tivesse sido a filosofia a inspirar às comunas da França o ousado projeto de uma constituição, teria sido a necessidade. A monarquia estava perdida de dívidas, era necessário abrir falência ou mudar tudo. Quando nossos pais alteravam a monarquia cumulando a Igreja de bens, não sabiam preparar a liberdade.

Law erguera seu banco sobre a violência do despotismo e as impertinências do Mississipi; aconteceu que o povo enganado consolou-se com a usura, e todos os interesses privados estando comprometidos, detiveram a ruína universal.

Desde essa época o despotismo tornou-se mais odioso que no Oriente; lá os impostos são comumente moderados, e o povo, por mais vil que seja, vive tranquilo nos grilhões. Aqui o trono da França tornou-se um balcão perigoso; quanto mais absorve capitais, mais as exações tornam-se terríveis, porque tornou-se preciso conservar o crédito pagando os juros; o comércio permanecia ainda e sustentava a fraqueza do povo; o comércio foi tragado; a sede do despotismo consumia tudo; era através dele que se ia às deliciosas Antilhas; a exportação roubava ao artífice a suave comodidade; a França era um país de remadores, de nobres e de mercenários.

Foi então que, pelo fato de o comércio definhar e tornar-se cada dia mais sórdido, o governo estar esgotado por suas violências, o último recurso consistiu numa caixa de desconto que colocou a indústria entre dois abismos. O monarca foi traficante, banqueiro, usuário, legislador; a mesma mão que comprimia as veias do povo traçava os editos paternais: tinham-lhe arrancado sua opulência, sua mediocridade, sua própria miséria, se ouso assim falar; enfim por um monopólio cruel, obra-prima do espírito do Genebrino, roubaram-lhe seu pão; a fome e a má alimentação encheram Paris e as províncias de epidemias e de crimes; tudo muda então, o povo indignado se revolta e conquista sua liberdade. Quando imaginamos a que lastimável estado estava reduzido, e quais eram os excessos da corte, somos forçados a confessar que a revolta do povo oposta à revolta dos grandes salvou o império. A Assembleia Nacional, por leis sensatas, que se executaram com prudência, moderou um pouco a extravagância do fisco; apressou-se em fazer uma Constituição livre que reuniu nas mãos da pátria imprescritível os voos do fanatismo e da superstição; previu que a venda dos domínios públicos seria difícil pelos temores dos capitalistas e pela raridade do numerário; tranquilizou um pela força das leis e substituiu o outro por uma especulação hábil; a nação ainda horrorizada opôs-se de início, a moral arrastou tudo.

CAPÍTULO XXII

DOS ASSINADOS

O senhor Claviére refletiu muito sabiamente sobre essa moeda; não é assunto meu tratar dessa matéria em todas as suas relações civis, porque emanam dos princípios da Constituição.

Estabelecei em um povo a virtude pública, fazei de maneira que essa nação confie em suas leis porque ela estará segura de sua liberdade, colocai por toda parte uma moral em lugar dos preconceitos habituais, e fazei em seguida moedas de couro ou de papel, elas serão mais sólidas do que o ouro.

O senhor Necker foi ingrato para com a França, quando, por resultados sofísticos, solapou a magnífica especulação dos domínios nacionais; todos os golpes atingiam a moral, e esse extravagante queria que a virtude francesa fosse o metal.

Ele falava outrora de liberdade como sob os reis, e é uma prova, que me custa crer, de que esse homem não tenha nem gênio nem virtude.

Pode-se dizer, justificando Law, que ele foi apenas imprudente; não se lembrou de refletir que presumia moral em um povo de velhacos que não tinham leis; se a depravação do governo não tivesse desmascarado o sistema de Law, esse sistema teria trazido a liberdade.

CAPÍTULO XXIII

DOS PRINCÍPIOS DOS TRIBUTOS E DOS IMPOSTOS

Os tributos, como disse, devem servir apenas de base à representação e à atividade, isto é, são uma lei fundamental da Constituição; os impostos são uma lei fundamental do governo, não porque proveem às despesas do estado político, mas porque podem influir muito sobre os costumes.

O tesouro público, fiel e reconhecido àqueles que o abastecem, deve manter os portos, as estradas, os rios, devolver ao comerciante o navio que as tempestades fulminaram, recompensar o verdadeiro mérito, os bons e úteis talentos, as virtudes e estender a mão ao infortúnio digno de compaixão.

Então vós não conheceis mais a pobreza, filha da escravidão, e a prostituição, filha do orgulho e da miséria.

CAPÍTULO XXIV

DA CAPITAL

A Assembleia Nacional organizou o povo de Paris sob o jugo de suas máximas, com muita sabedoria e paciência; não suprimiram muito cedo os nomes queridos de distritos promotores da liberdade; colocaram sob seus olhos o exemplo das províncias, fizeram leis de todas as virtudes que a revolução reanimara, conservaram o seu espírito, destruíram as vãs ilusões; escrevia-se que tudo estava perdido quando se substituiu a palavra distrito pela nova denominação de seção. Aconteceu o mesmo quando se disse que não se usariam mais outras armas a não ser os piques da Bastilha. Para que as leis não degenerem, é preciso que falem aos homens da pátria, e não deles.

Em vinte anos, os costumes da capital terão mudado muito; não sei como se poderá sustentar o luxo quando ela não for mais o centro da monarquia, quando os homens não forem mais obrigados a tornar-se tolos e aduladores, quando todos os recursos estiverem no comércio e na agricultura, e quando a França não tiver mais que com ela própria todas as relações que tinha precedentemente apenas com a capital.

CAPÍTULO XXV

DAS LEIS DO COMÉRCIO

Uma das melhores instituições da França é que os juízes do comércio sejam eleitos entre os negociantes; essa lei põe virtude em uma ordem que comumente só conhece o interesse.

Aquele que deixa o comércio das Índias livre para todos os franceses não é menos admirável, encoraja o comércio de economia, tão favorável hoje aos costumes da liberdade; abre uma carreira àqueles que a virtude do Estado regenerado teria deixado ociosos.

A França ganhou mais adotando essa lei de Genebra que condena os filhos a pagarem as dívidas de seu pai ou a viverem desonrados, do que se ela tivesse dominado essa república; é melhor conquistar leis do que províncias.

Os delegados de corporações podem ser vantajosos para o comércio, mas não para corpos de ofício; eles forçam o negociante a se fixar, tornam-no cidadão, quando, pelo contrário, seria apena um avaro vagabundo; fazem conhecer a solidez de seu crédito. Em relação ao artífice, seus costumes importam menos à fortuna pública, e se quiser adquirir a confiança, é preciso fixar domicílio.

CAPÍTULO XXVI

CONSIDERAÇÕES GERAIS

A Europa tem uma infinidade de instituições muito próprias para favorecer a liberdade, desconhecidas no mundo antigo, porque são uma fonte de impostos indiretos e de alívio para os tributos.

As administrações e as alfândegas pesam pouco sobre o pobre; mas seria uma infelicidade que fossem privativas; podem ser um ramo da indústria pública.

Os correios prendem-se aos princípios da própria constituição; a liberdade deve assegurar o segredo dos negócios, o que nem sempre aconteceria se os correios fossem objeto de serviços particulares.

O registro dos atos é ainda um recurso para o tesouro que não esgota a pátria; não falo de sua autoridade nos contratos civis.

O selo é uma vigarice clara, ele não tem nem finalidade nem moral, e só tem o crédito de um ladrão armado.

As ajudas têm também o freio dos costumes públicos; teriam sido muito favoráveis à política de Maomé, pois ele só temia a licenciosidade, fatal à escravidão como à liberdade; entretanto, o direito de ajuda invariável seria um grande abuso, nos anos em que a colheita fosse abundante, o imposto, tornado muito módico, não deteria a dissolução que o vinho a preço vil traz; nos anos de escassez, o imposto, embora fosse o mesmo, tornado excessivo acirraria as necessidades.

Essa lei é boa para um tirano que pouco se esforça para que seus escravos tenham costumes, contanto que ele ganhe, e para um Estado em que seja perigoso alterar o imposto; ela é má em um povo onde a liberdade não deve admitir supérfluo nem privações, mas a justa abundância nesse útil gênero.

QUINTA PARTE

Direito das Gentes

CAPÍTULO I

DO AMOR DA PÁTRIA

Onde não há leis, não há pátria; é por isso que os povos que vivem sob o despotismo não as tem, a não ser que desprezem ou odeiem as outras nações.

Onde há leis, às vezes não há pátria, exceto a fortuna pública; mas existe uma verdadeira, que é o orgulho da liberdade e da virtude; é de seu seio que se vê sair esses homens nos quais o amor das leis parece ser o fogo do céu, cujo sangue corre com alegria nos combates, e que se devotam friamente aos perigos e à morte.

A honra política da monarquia e a honra violenta do estado despótico assemelham-se às vezes à virtude, mas não vos enganeis, o escravo procura a fortuna ou a morte; a história otomana está cheia de fatos inauditos que ultrapassam o vigor romano e a temeridade grega, mas não é por sua querida pátria, é por si próprio que morre o muçulmano.

O direito das gentes francesas, ao perder o espírito de conquista, purificou muito o amor da pátria. Um povo que ama as conquistas só ama sua glória e termina por desprezar suas leis. É bonito só tomar as armas para defender sua liberdade; aquele que ataca a de seus vizinhos faz pouco caso da sua.

Não será mais a terra estrangeira que beberá o sangue dos franceses; a Alemanha, a Itália, a cruel Sicília, a Espanha, a Europa, enfim, até o Oriente, estão cobertos com os ossos de nossos pais, e a pátria é o túmulo dos monges e dos tiranos.

Para que um povo ame por muito tempo sua pátria, é preciso que não seja ambicioso; para que conserve sua liberdade, é necessário que o direito das gentes não esteja à disposição do príncipe.

Na tirania, um único homem é a liberdade, um único homem é a pátria, é o monarca.

Como estava cega a liberdade de Roma! Por isso devia acabar sendo a fortuna de um só. Uma palavra de Sêneca me faz lamentar Catão quando penso nele; simplesmente foi pretor e nunca se tornou cônsul, com tantas virtudes. Não havia mais pátria em Roma, tudo era César. Quando penso onde deviam chegar a disciplina e a frugalidade de tantos heróis, quando penso que essa foi a sorte das mais rebeldes constituições, e que a liberdade perdeu sempre seus princípios para conquistar, que Roma tivesse morrido após Catão, que o excesso de seu poderio produziu monstros mais detestáveis e mais soberbos do que os Tarquínios, a dor dilacera meu coração e detém minha pena.

CAPÍTULO II

DA PAZ E DA GUERRA

Renunciando a todas as hostilidades ofensivas, a França influirá muito sobre as federações europeias; como essa lei fundamental é a mais sadia de sua liberdade, ela teve de colocá-la ao abrigo da corrupção. Pela mesma razão que o poder legislativo não pode encarregar-se da execução, porque enfraqueceria as leis em sua origem, o monarca também não pode deliberar, porque curvaria os princípios à sua ambição; é pois sensato que a paz e a guerra sejam decididas nas comunas, e que o monarca execute.

Não é menos prudente que as deliberações do poder legislativo sejam submetidas à aceitação real; eles se repelem mutuamente, e concorrem para a ruína dos projetos particulares.

Seria absurdo que a opinião do povo fosse consultada nas deliberações, tanto em relação à lentidão de sua marcha, quanto em relação à sua imprudência. Se a aprovação ou a recusa do povo fosse manifestada pelos diretórios, a fortuna do Estado seria a presa da intrigas e a aristocracia perderia seu vigor. Onde os pés pensam, o braço delibera, a cabeça anda.

CAPÍTULO III

DOS EMBAIXADORES

As embaixadas permanentes são um vício da constituição europeia; são uma infração à liberdade dos povos; um exército sempre pronto às conspirações cria um estado de desconfiança que altera a virtude do direito das gentes.

É verdade que a polidez dissimulou muito esses usos; imaginai, entretanto, países em que a amizade é o medo, a boa fé, o olhar de um embaixador, e a paz, um estado de guerra.

Imaginai povos que mantêm a espada uns sobre o coração dos outros e se beijam, que desejam a prosperidade mútua e se declaram guerra quando se tornam ricos e poderosos; pois o comércio na Europa só serve para amealhar aquilo que faz a guerra, e a guerra para empobrecer.

Um povo que despreza a guerra, salvo quando o atacam em seu território, não tem mais necessidade de embaixadores e sua fortuna tornar-se-á prodigiosa se ele for bem governado.

CAPÍTULO IV

DO PACTO DE FAMÍLIA, DAS ALIANÇAS

O senhor de Vergennes, que acreditava amar a França porque era amigo dos Bourbons, uniu essa família, não contra a liberdade ma. contra a habilidade de alguns povos europeus. A Europa é habitada pelos reis e não pelos homens; os povos aí são, como o ferro, uma peça de mecanismo. O projeto da confederação dos Bourbons não era a amizade nem o respeito do sangue, mas um ciúme secreto; assim, a política da Europa era a miséria, o orgulho e o ouro. Os povos achavam-se bastante felizes com a fortuna de seus senhores e gemiam gloriosamente sob o jugo da cruel ambição dos mesmos.

Assim, o ouro e o sangue dos povos iam correr até que os projetos de uma família fossem desfeitos ou saciados; era em meio a essas indignidades ilusórias, que passavam com o nome da glória dos súditos, que as nações, que não tinham mais direito das gente, perdiam ainda seu direito político pela desumana necessidade dos editos; a Europa tornava-se um povo de loucos pela extravagância das leis e das relações, e sua urbanidade era mil vezes mais desprezível do que sua antiga barbárie. O gênio das nações era a avareza atroz, a guerra era um jogo; as pessoas não se batiam nem pela liberdade, nem pela conquista, mas para se matarem e se roubarem. O direito das gentes não existia mais, a não ser entre os reis, que usavam os homens como os cavalos de corrida; por isso brincavam com os bens e com a vida dos súditos com mais segurança ainda, na medida em que sabiam inebriá-los com a taça sagrada do interesse.

Se se examina, de um lado, a avidez dos europeus pelas riquezas, e sua indiferença pela liberdade; de outro lado, se se reflete sobre o furor dos soberanos pelos gastos e pela guerra, não se pode esconder que quando o luxo tiver satisfeito sua saciedade, será preciso que os Estados caiam. Os Estados que vivem de luxo perecem um dia pela miséria; em vão tentam apoiar-se uns nos outros; eles se preparam contra a força de seus vizinhos, sem se embaraçarem com seu vício interior. Isto aconteceu na origem do pacto dos Bourbons, que uniram sua fraqueza contra o vigor inglês que os esgotava; a França foi a primeira a ser derrubada, os outros terão logo sua vez; mas o que mais prova o quanto sua fraqueza é extrema é terem mantido com a nação livre e guerreira um pacto cujo princípio é a servidão e o vício das leis. É verdade que talvez eles preferissem perecer a chamar a França em seu socorro.

Nada é mais temível para a liberdade do que a aliança de uma monarquia com várias repúblicas; a paciência, a resolução tranquila e o absoluto poder de um só consomem a efervescência e a preocupação das últimas, que se voltam no fim umas contra as outras, como a Grécia unida a Felipe da Macedônia. Nada é mais formidável para a tirania do que a aliança de vários Estados despóticos com um Estado livre; é preciso que a virtude do último arranque o vício dos primeiros, o que aconteceu quando a república de Roma tornou-se aliada de vários reis da Ásia.

Quando a face das coisas mudou com a revolução da França, o pacto de família era tão pouco o das nações, que a Assembleia Nacional, apesar da natureza de seu direito das gentes, foi forçada a cuidar desse pacto que ameaçava a liberdade.

CAPÍTULO V

DO EXÉRCITO

Quando o senhor de Mirabeau, alguns dias após o triste combate de Nancy, exclamou que era necessário dividir e reconstruir o exército, uns não reconheceram mais a sabedoria e a presença de espírito desse grande homem; outros, realmente ingratos, acreditaram perceber um traço de gênio que feria a Constituição.

É certo que a dissolução da força pública teria acabado de romper a disciplina, pois não se deve confundir a insubordinação com o amor da liberdade; os regimentos pediam explicações aos estados maiores; eu imaginei os númidas na África, e não os motins republicanos dos soldados de Roma.

O corpo militar da França tem, em sua constituição suave, alguma coisa de violento que não tem princípio nem objeto. Não se transformará nunca em cidadã uma tropa regulada independentemente das leis civis. Que sejam lembrados os mameluco no Egito, os janízaros na Turquia, as guardas pretorianas em Roma; eram verdadeiros estrangeiros cuja espada era a lei, o acampamento, a pátria. Parece que a linha de frente tornou-se passiva em meio às guardas nacionais; está aí exatamente o motivo do ciúme, ou de uma rivalidade secreta.

A França declarou que renunciava ao espírito de conquista; fará bem em amar a paz ou em liberar suas tropas às vésperas de uma guerra ofensiva.

CAPÍTULO VI

DA MARINHA, DAS COLÔNIAS E DO COMÉRCIO

A marinha não tem os inconvenientes do exército, o comércio é seu objeto; esta é a política europeia: um Estado não pode mais prosperar hoje a não ser na proporção em que sua marinha seja temível. As colônias tornaram-se a força das metrópoles, até que elas as corrompessem, até que elas abalassem sua injusta dominação; então, pelo fato de o espírito do comércio, que hoje reprime toda a atividade da Europa, ter-se perdido, o espírito de conquista tomará seu lugar; a Europa tornar-se-á bárbara, seus governos tirânicos, e talvez os outros continentes refloresçam.

O comércio acompanhou todas as revoluções no mundo. A África, após a ruína de Cartago, perdeu sua liberdade, seus costumes, com seu comércio; a Ásia perdeu seu esplendor quando Roma e os portos da Itália tornaram-se sua metrópole. Essas partes do mundo desfaleceram a partir daí, porque negligenciaram suas feitorias e seus navios.

Houve mesmo uma época em que o comércio quase se extinguiu por todo o globo; foi desde a decadência do Império até a descoberta do novo mundo. Não havia mais metrópole; foi a causa do despotismo que cobriu a Terra toda.

A Europa, pela natureza de seu clima, deve conservar por mais tempo sua constituição e seu comércio; digo sua constituição pois a Europa é somente um povo; o mesmo comércio produziu os mesmos perigos, os mesmos interesses; se algum dia ela vier a perder suas colônias, será a mais infeliz das regiões, porque terá conservado sua avareza. Se existir então na Europa um povo livre e cuja moral não seja o comércio, logo ele subjugará todos os outros.

A fortuna geral está, pois, ligada às relações dos diferentes povos com as colônias, e às relações desses diferentes poderes entre si; a marinha envolve todas essas relações, torna a Europa temível para o novo mundo e temível para si própria.

Quanto mais o caráter da constituição for contrário ao luxo, tanto mais será perigoso fazer comércio; mas se os gênero alimentícios supérfluos forem sobrecarregados de impostos, o luxo virá em auxílio à agricultura, o comércio não será mais relativo a não ser ao direito das gentes e tornar-se-á econômico.

O Estado terá a vantagem de enriquecer suas colônias, sua marinha, seu comércio, seu tesouro e só empobrecerá os vícios com moderação.

CAPÍTULO VII

DO ESCAMBO

Quando ele estava na entrada de todas as cidades do reino, o povo francês era, em relação ao fisco, o que as nações estrangeiras são em relação a ele, desde que o escambo foi recuado para as fronteiras.

Virá talvez um tempo em que não se verá absolutamente escambo, e em que os povos, como os indivíduos, conceberão também que são irmãos.

Então as nações não serão mais rivais, não haverá mais que um direito comum no universo; assim como entre nós só há franceses, no mundo só haverá humanos. Os nomes das nações serão fundidos, a terra será livre.

Mas então também os homens ter-se-ão tornado tão simples e tão sensatos que nos olharão, por mais filósofos que sejamos, com o olhar com que hoje vemos os povos do Oriente, ou os *Vândalos* e os *Hunos*, pois no mundo, por mais confuso que ele pareça, percebe-se sempre um propósito de perfeição, e parece-me inevitável que, após uma longa sequência de revoluções, o gênero humano, à força de luzes, se volte à sabedoria e à simplicidade.

CAPÍTULO VIII

DAS FLORESTAS

As florestas, frutos da economia dos últimos séculos, eram, no começo deste, um dos recursos da indústria francesa; elas enriqueceram as manufaturas e a marinha; compensaram um pouco as perdas que tinham sido feitas pelas grandes casas do tempo de Law; proveram às excessivas despesas dos grandes e dos nobres sob Luís XV, mas o produto não era inesgotável. As madeiras estão, em sua maior parte, destruídas hoje; estavam muito caras no últimos tempos, e sobretudo na capital. Paris excitava, pelos encantos de seu sítio, a opulência e os recursos dos ricos, e estes encontravam a peso de ouro os gêneros alimentícios que sua indigente avareza colocava em duro leilão nas províncias.

Se o luxo não diminuir na França, ou se os ricos permanecerem ociosos, as florestas sobre as quais o luxo influi tanto quanto sobre os costumes políticos continuarão a ser destruídas, e logo a marinha e o comércio estarão arruinados: não se pode ficar muito surpreso por qual caminho secreto as revoluções andam a passos tranquilos e de repente explodem.

O mais leve abuso na ordem política provoca um contragolpe assustador, eterno; é a repercussão do ar na atmosfera.

CAPÍTULO IX

DOS MONUMENTOS PÚBLICOS

A devoção pública deve aos grandes homens que não existem mais, qualquer que seja a pátria deles, monumentos que os eternizam e mantêm no mundo a paixão pelas grandes coisas. A Europa moderna, bastante civilizada para apreciar os bons gênios, mas pouco respeitosa para com sua memória, persegue os homens generosos enquanto vivem, e os abandona quando morrem. Isso provém das constituições europeias, que não têm nem máximas nem virtude. Por toda parte onde ponho os olhos, *vejo as estátuas dos reis que seguram ainda o cetro de bronze*. Só conheço na Europa três monumentos dignos da majestade humana, os de Pedro I, de Frederico e de Henrique; onde estão as estátuas dos Dassas, dos Montaigne, dos Pope, dos Rousseau, dos Montesquieu, dos Duguesclin e de tantos outros? Em seus livros e no coração de cinco ou seis homens de cada geração.

Sempre fiquei surpreso, vendo as nações acorrentadas aos pés de Luís XIV, de que a Europa inteira não tenha tomado as armas para exterminar a França, como outrora se uniu a virtuosa Antiguidade para procurar Helena raptada.

A Assembleia Nacional destruiu esse covarde monumento; entretanto, ela se preservou do entusiasmo e deixou o imperioso monarca exposto às zombarias de um povo livre. Não se pode respeitar demasiadamente os reis, mas não se pode humilhar demasiadamente os tiranos.

Estou surpreso de que, no calor da sedição, o povo de Paris não tenha derrubado esses insolentes bronzes. É aqui que se adivinha o espírito público daquele tempo; os reis não eram odiados.

Vi o grande Henrique cingido por uma faixa com a três cores; os bons federados de província se descobriam diante dele, os outros não eram olhados, mas também não eram insultados.

A França acaba enfim de erigir uma estátua a J.-J. Rousseau. Ah! Por que esse grande homem morreu?

CAPÍTULO X

CONCLUSÕES

Apresentei meu percurso e fecho-me em mim mesmo para refletir sobre os diferentes objetos que passaram sob meus olhos; chamei a Assembleia Nacional um corpo político, o que convinha ao sentido do qual eu falava então; mas é bom que eu termine de desenvolver minhas ideias.

A Assembleia Nacional, unicamente legisladora, não teve nem poder legislativo nem caráter representativo, foi o espírito do soberano, isto é, do povo. Depois que ele abalou o jugo, ela renunciou aos poderes que recebera da tirania, renunciou mesmo a todos os poderes tornados injustos desde que a nação se tornara livre. Parece que vejo Licurgo, de quem falei acima, abandonar o império e a autoridade para promulgar leis. Ela converteu o título de Estados Gerais no de Assembleia Nacional: o primeiro significava uma mensagem, o segundo, uma missão; ela não o exerceu, como Licurgo, Maomé e Jesus Cristo, em nome do céu; o céu não estava mais no coração dos homens, eles tinham necessidade de um outro incentivo mais adequado ao interesse humano. Como a virtude é ainda um prestígio entre os mortais altivos e corrompidos, assim como o que é bom parece belo, todo mundo inebriou-se com os direitos do homem, e a filosofia e o orgulho não encontraram menos prosélitos do que os deuses imortais.

Entretanto, sob a denominação simples de Assembleia Nacional, o legislador só falando aos homens deles próprios, tocou-os com uma santa loucura e tornou-os felizes. Todavia, ele nunca usou de autoridade direta sem ser culpado para com o soberano. Só os falsos deuses precisam de trovão, e quando a sabedoria e o gênio não são suficientes àqueles que empreendem uma legislação, seu reino será curto ou funesto. Falei da prudência, da destreza da paciência da Assembleia Nacional, não me repetirei; ela modificou tudo e viu-se que só se afastaram dessa disciplina aqueles que a perturbavam em seu seio por ignorância, loucura ou sedução.

Atrevo-me a colocar no papel uma reflexão que todo mundo fez, é que a França logo viu senhores na pessoa de seus legisladores e assim perdeu sua dignidade. Se a Assembleia Nacional não tem projetos antigos, só ela é virtuosa ou sensata, não quis escravos e rompeu os grilhões de um povo que só parece feito para substituí-los. Nada foi omitido para provar-lhe que se lhe estava submetido; qualificavam-nos de augustos representantes; os oficiais, tiranizando o povo soberano, sob o nome de irmãos, curvavam-se diante dos legisladores que eles deviam apenas respeitar e amar. Covardes que éreis, vós os consideráveis Reis, porque vossa fraqueza só conhecia a esperança ou o temor.

A Assembleia Nacional não foi uma legislatura; essa instituição só começará depois dela, eis por que sua missão só é limitada pelo fim de sua obra. Tão justa quanto profunda, ela obedeceu a seus próprios decretos; ela promulgou esta lei, que encantou meu coração e o dos homens livres, segundo a qual os padres que se achavam na Assembleia enviariam às municipalidades de sua jurisdição o ato de seu juramento cívico.

Perguntar-me-ão se penso seriamente que a Constituição da França, tal como é, seja a vontade de todos; respondo categoricamente que não; porque é impossível que quando um povo faz um contrato novo, no momento em que o primeiro está perdido e desonrado, os velhacos e os infelizes não formem dois partidos; mas seria um estranho abuso da letra tomar a resistência de alguns celerados como uma parte da vontade. Regra geral, toda vontade, mesmo soberana, inclinada para a perversidade é nula; Rousseau não disse tudo quando caracteriza a vontade incomunicável, imprescritível, eterna. É preciso ainda que ela seja justa e sensata. Não é menos criminoso que o soberano seja tiranizado por si mesmo do que por outrem, pois então, emanando as leis de uma fonte impura, povo seria escravo ou licencioso e cada indivíduo seria uma porção da tirania e da servidão. A liberdade de um povo mau é uma perfídia geral que, não atacando mais o direito de todos ou a soberania morta, ataca a natureza que ela representa. Volto a mim, e estou convencido de que a instituição, recebida com alegria e sob a fé do juramento pelo povo, é inviolável enquanto a administração for justa.

Afirmei que a Assembleia Nacional tinha derrubado seus poderes; seus decretos, puramente fictícios, só tinham força de lei após a sanção. Quando o legislador outorgou estátuas, fez bem em erigi-las em nome do povo, e não em seu nome. O reconhecimento como a vontade de uma nação só pode sair da sua boca e de seu coração; usurpar os direitos de sua liberdade é tirania, usurpar os de sua virtude é sacrilégio, e o crime é maior ainda. Se a assembleia tivesse levantado uma estátua em seu nome, J.-J. Rousseau, ela teria parecido um monumento adequado, que consagrava a usurpação sob o incentivo da piedade pública, e a mentira teria podido derrubar o simulacro e conceder um outro.

É por esta precisão em assentar os limites de sua missão que a Assembleia foi conduzida ao propósito de assentar a dos poderes. Um corpo social perde suas proporções quando os poderes não estão igualmente separados um do outro; quando o povo, demasiado afastado de sua soberania, está demasiado próximo ao governo ou demasiado submisso, de modo que experimenta antes a obediência do que a virtude ou a fidelidade; quando o poder legislativo está muito próximo da soberania e muito distante do povo, de modo que este esteja inclusivamente representado; e quando o príncipe enfim está muito comprimido entre a legislação e o povo de modo que ele é esmagado por uma e oprime o segundo, que ele só repele.

Os legisladores da França imaginaram o mais sensato equilíbrio; não se deve confundir as administrações com o príncipe, pois então não me entenderiam mais conforme o que eu disse acima.

Por toda parte para onde volto os olhos, descubro maravilhas. Eu me reservara o direito de dizer mais uma palavra acerca do direito de guerra, tal como o legislador o determinou. A França renuncia às conquistas. Ela logo verá crescer sua população e seu poder. A guerra, diz o tirano, enfraquece um povo demasiado vigoroso.

Uma guerra ofensiva só pode ser empreendida quando o povo todo, mesmo se ele fosse tão numeroso quanto a areia, tivesse consentido individualmente; pois aqui, além da maturidade de uma semelhante empresa, a liberdade natural do homem seria violada na posse de si mesmo; ao contrário, na guerra defensiva, não é preciso nem votar nem deliberar, mas vencer; aquele que recusasse seu braço à parte teria cometido um crime atroz, teria violado a segurança do contrato. Em um povo numeroso, é preciso renunciar à guerra ou é preciso uma metrópole tirânica como Roma e Cartago; quando Rousseau louva a liberdade de Roma, ele não se lembra mais de que o universo está acorrentado.

Falei do culto e do sacerdócio, queria falar mais tarde da religião dos padres. Cometeu-se um crime pavoroso contra os legisladores da alienação dos bens da Igreja, acusam-nos de terem desprezado o anátema do último concílio; não se pode negar que esse regulamento tenha sido sensato outrora, pois ligou o trono ao altar, inabaláveis quando estão unidos, e que a ambição privada minava então. O século do Concílio de Trento foi o das dimensões civis; os grandes disputavam o império, eram tiranos que convinha reprimir. A Igreja era casta ainda; hoje devolveram o pudor a uma desavergonhada, e o que não teriam podido fazer outrora, sem crime, os particulares do reino que queriam elevar-se, um povo pôde fazer para ser livre. Não há nada de imprescritível diante da vontade das nações, e os contratos particulares mudam com o Contrato social; se ele for revogado pelo soberano, aquele que representa a todo um povo as leis que não existem mais, como se a razão pudesse ser prescrita, merece o exílio; aquele que se arma contra a vontade suprema do soberano, isto é, de todos, merece a morte.

Esta é a reforma francesa. Quis menos provar que a França era livre do que demonstrar que ela podia sê-lo, pois todos os dias o corpo mais robusto perde seu vigor por causa de um vício imprevisto. O governo é para a Constituição o que o sangue é para o corpo humano; ambos mantêm o movimento e a vida. É aí que a natureza e a razão encontram o inevitável resultado de seus princípios. Onde o sangue estiver enfraquecido, o corpo sentirá o calor da alteração ou o frio da morte; onde o corpo político estiver mal governado, tudo se encherá de licenciosidade ou cairá na escravidão.

A liberdade dos franceses pode durante muito tempo ser sustentada pela tranquilidade e o repouso, mas se ela fosse agitada de repente pelo crédito de um homem poderoso, tudo se passaria de acordo com sua vontade; seria o retorno de Alcibíades.

A igualdade depende muito dos impostos; se eles forçarem o rico indolente a deixar sua mesa ociosa e a correr os mares, a formar oficinas, ele perderá muito de seus modos. A vida ativa endurece os costumes, que só são altivos quando são frouxos. Os homens que trabalham se respeitam.

A justiça será simples quando as leis civis, livres das sutilezas feudais, beneficiárias e habituais, não despertarem mais do que a boa fé entre os homens; quando o espírito público voltado para a razão deixar os tribunais desertos.

Quando todos os homens forem livres, eles serão iguais; quando eles forem iguais, serão justos. O que é honesto caminha por si mesmo.

Impressão e acabamento